大都會文化
METROPOLITAN CULTURE

大都會文化
METROPOLITAN CULTURE

大都會文化
METROPOLITAN CULTURE

大都會文化
METROPOLITAN CULTURE

心態

成功的人就是和你不一樣

序

人生如水我如魚

這是一個盛產陀螺的時代。

為了過更理想的生活，我們都像陀螺般埋頭苦幹實幹，於是，不知不覺便陷在生活的泥淖裡。為了將工作做得更好，我們殫精竭慮、步步為營，於是，慢慢失去了生命中最純粹、最樸質的姿態和心態……

雖然人生沒有完美無缺的選擇，然而選擇抱持何種生活態度，卻在無形中左右著我們的人生。

本書並無意教導你遵循或仿效什麼準則，只是想提醒你：陀螺的人生是永無止境的陷阱，還是做條輕巧靈活的魚吧，只要你肯適時地堅持或改變。

序
人生如水我如魚

堅持是一種追求，改變是一種策略；陀螺的堅持是本能，魚的改變是智慧。

一個陀螺的人生是無數若有似無的夢，為了不放棄夢想，總是馬不停蹄，少作停歇，但還來不及回味時，卻已耗盡人生歲月。

一條魚的人生是一片無邊無際的海心在海裡，海在岸邊；心有多大，世界就有多大；風浪有多大，「隨波逐流」的勇氣就有多大；只要能夠突破心中的障礙，不論是一個魚缸或一片海洋，都擁有相同的自由和夢想。

因此，這是一本向你展示「魚」的人生策略和奮鬥技巧的經驗手冊，而與其刻意模仿像魚一樣左右逢源的姿態或心態，不如靜心感悟；與其把它當作某種終極目標實現的捷徑，不如當作享受柳暗花明的快意人生的功課。

人的一生中可以有所作為的機會只有一次，那就是現在。無止盡地悔恨過去或擔憂未來，已經浪費太多美好的時光，現在就放鬆緊繃的情緒，讓我們一起在如水的人生中，學做一條「左右逢源」的快樂魚（快樂人）吧！

心態
成功的人
就是和你不一樣

目錄

如果你不搶先成為低頭彎腰去取水的人，那就只能成為站在河中，卻死於乾渴的人。

第二章　敞開心胸，放大格局

不要降低對自己的期許，這種念頭只會加深覺得自己更無能的想法。

第三章　改變是生存的策略

目　錄

當我們按照自己的思想改變自己，就會成為自己想要成為的人。當我們的心靈純潔時，歡樂隨之而來，就像影子似的永不分離！

第一章

改變從心態開始

一、心態左右命運

爲什麼有些人就是比其他的人更成功，賺更多的錢，擁有不錯的工作、良好的人際關係、健康的身體，整天快快樂樂，擁有高品質的人生，而有些人整天忙忙碌碌卻只能維持生計？雖然人與人之間沒有多大的區別，但就是有人能夠克服萬難獲得成功，有人不行。

不少心理學家發現，關鍵就在於人的「心態」。一位哲人說：「你的心態就是你眞正的主人。」一位偉人說：「不是你駕馭生命，就是生命駕馭你。你的心態決定誰是坐騎，誰是騎師。」

四十年前，南非某貧窮的鄉村裡，住著一對兄弟。他們受不了窮困的環境，決定離開家鄉，到外面發展。乍看之下，大哥好像幸運些，被主人賣到富庶的美國舊金山，弟弟卻被賣到窮困的菲律賓。

四十年後，兩兄弟再聚首時，已今非昔比了。哥哥當了舊金山的黑人僑領，擁有兩間餐館、兩間洗衣店和一間雜貨鋪，而且子孫滿堂，有的做生意，有的成爲傑出的工程師或電腦工程師等科技專業人才。

弟弟竟然成了一位享譽世界的銀行家，擁有東南亞相當數量的山林、橡膠園和銀行。經過幾十年的努力，雖然他們都成功了，但爲什麼兩人在事業上的成就，差別卻如此大呢？

兄弟相聚，不免談談分別以來的遭遇。哥哥說，我們黑人到白人的社會，如果沒有特別的才幹，就只能用一雙手煮飯給白人吃，爲他們洗衣服。白人不肯做的，就由我們黑人來做，生活不成問題，但事業卻不敢奢望。即使我的子孫書讀得多，也不敢妄想進入上層的白人社會，只能安分守己地做一些技術性的工作來謀生。

看見弟弟這般成功，哥哥心生羨慕。弟弟卻說：「我並不是靠運氣。初到菲律賓時，也是做些低賤的工作，後來發現有些當地人比較愚蠢和懶惰，就接下他們放棄的事業，慢慢地收購和擴張，生意才逐漸做大。」

以上是眞實的故事，它告訴我們：影響人生的不僅是環境，心態更決定性的因素，因爲它控制個人的行動和思想，決定自己的視野、事業和成就。

有兩名年屆七十的老婦人，一個認爲這個年紀是人生的盡頭而開始料理後事，另一個卻認爲一個人能做什麼事不在於年齡大小，而在於有什麼樣的想法。於是，後者在七十歲高齡開始學習登山，其中幾座還是世界有名的。最近，她還以九十五歲高齡登上日本的富士山，打破攀登此山年齡最高的紀錄。她就是著名的胡達·克魯斯。

七十歲開始學習登山是一大奇蹟，人創造出來的奇蹟。思考問題，是成功的主要條件之一。一個人如果積極思考，喜歡接受挑戰，他就成功了一半。胡達·克魯斯老太太的壯舉正驗證了這一點。

一個人成功與否，取決於他的態度。成功者與失敗者的差別在於，前者始終用最積極的思考、最樂觀的精神和最輝煌的經驗支配並控制自己的人生。後者則是受過去的種種失敗與疑慮引導和支配自己的人生。

二、吃虧就是福

把吃虧當作「吃補」。

每個人在每天的生活中，難免要面臨許多「戰爭」，而這些戰爭，就像是一場又一場無止盡的循環賽。

只要是戰爭，就會有輸贏，我們很難保證自己能打贏每一場，所以，沮喪、憂傷、失敗……種種打擊，總是如影隨形似地跟隨左右。

「沒嘗過失戀、冷板凳、病痛等滋味的人，不容易出人頭地；逆境創造英雄，大多數成功的人都是從挫敗中站起來的。」人人都懂這個道理，但是眞正面臨挫折時，有多少人能甘之如飴，用坦然的心態去面對它呢？

電影《意外的人生》（Regarding Henry）描述一位驕矜自滿的律師亨利，在一次意外中挨了兩槍，幾乎喪命，在危急時刻，他突然對人生大徹大悟，拋棄了過去的自私、冷漠、貪婪，變得熱情、開朗、有同情心。對他而言，挨兩顆子彈原本應該是很大的傷

痛，結果反而成爲他改變整個人生的契機。

人的一生中，處處充滿未知的危機，就像亨利一樣，冷不防就會中彈。這時候，我們只有兩條路可選擇：一是克服它，二是被它打敗。

心理學家陳怡安博士曾將人生歷經的各種挫折形容成「負面的恩典」，是幫助我們改善人生的教材。

儘管外在環境會不斷地干擾我們，甚至將我們擊倒，但人的可貴之處在於可以「成長再成長」，一旦發揮潛能，就會產生更大的創造力，幫助我們度過逆境，使得幽暗、未知變成命運轉變的機遇。

已故的國際電子化商品總經理洪敏隆生前曾說過：「要面對生活的戰爭，至少要具備兩件法寶，一件是危機意識，另一件則是平常心。」

「危機」是指危險的背後隱藏著機會，換言之，在順境中不忘危險，在危險的時候更不忘潛藏的生機。而平常心則意味著，保持豁然開朗的心胸，就不會惶恐緊張、順境自滿或困境自嘆。

戰爭有贏有輸，如果我們學會轉化危機，把它變成「負面的恩典」，那麼在下一次戰爭中，就有機會贏。

大多數的人都不喜歡聽不中聽的話、不願意被別人糾正缺點。而人之所以會被激怒，通常是因爲怕被別人看穿，情緒才會波動。然而，每個人看自己難免都有「死角」，都有看不清自己的時候。這種情況就如同佛家所說的「我執」，亦即陷於偏見之中。而一個有偏見的人，不會包容其他人事物，也看不見大局，容易掉進死胡同裡。

事實上，在生活、工作中吃虧不一定是壞事。人必須具有寬容的胸襟，不要因無關痛癢的小事而斤斤計較。唯有體諒別人，才能收服人心。俗話說：「受人滴水之恩，當湧泉相報。」以寬容愛護的態度對待別人，別人也會將心比心，投桃報李，回報於你。

忍讓吃虧雖然有時委屈，但有時卻是對他人有利、對公眾有利或對整個人類生存環境有利。一如盧梭所說的：「忍耐是痛苦的，但它的結果是甜蜜的。爲了這份甜蜜的事業，學會忍是值得的。」

就像偌大的星空，每顆星星都有自己的位置一樣，社會中的每個人無論高低貴賤、大小強弱也都有自己的生存空間。在那個小小的空間裡，你的喜怒哀樂、生存方式和習慣，甚至是你的小祕密都在其中。只要在這片天地，你就是這小小王國中的公民和「國王」，一切由你支配，自己服從自己。

然而，這世界實在太小，生活在這世界的人又太多了。每個人的生存空間都不是孤立存在的，而是縱橫交錯、擁擠不堪。所以，要擁有自己的生存空間，就要有吃虧的精神，以及包容與尊重他人的處世方式。

「與人方便與己方便」、「你敬我一尺，我敬你一丈」都是人們在相互交往、彼此摩擦中總結的至理名言。而「人不犯我，我不犯人」、「人若犯我，我也能忍」的名言和俗語，同樣是尋求和諧，共同創造良好生存環境的經驗之談，甚至可見一個人寬宏大度的胸懷。

世界是擁擠的，人與人難免碰撞、摩擦，但是只要心裡空間博大，懂得尊重他人，能隱忍痛苦委屈，就可以減少碰撞、摩擦和矛盾，增加歡樂，生存空間自然就顯得寬闊。

如果在工作環境中，能時時體諒他人、主動幫助他人且甘於吃虧，那麼別人就會被你廣闊的心胸感染，從而敬重你、信任你，並反過來給予支援。

因此，我們應樂於把吃虧當「吃補」。當你能夠平心靜氣地吃虧時，就會有意想不到的收穫。

戰場上，有意識地撤退既可保存實力、迷惑敵方，又能爲以後一舉擊敗敵人贏得時間和空間，這就叫「以退爲進」。同樣，商場上或工作中主動吃一點虧，不但於己無損，還能給對方留下好印象，對以後的發展極有好處。

一名旅居新加坡多年的華裔商人陳先生，便巧妙地利用「吃虧」的策略，和中國某食品進出口公司建立起良好的合作關係。

數年前，陳先生代表公司到中國和該進出口公司談一批大蒜貿易的業務。第一輪談判，雙方談定貨物品質、交貨地點等，只有報價方面意見分歧。進出口公司每噸報價七百二十美元，而陳先生最高只肯出七百〇五美元，並聲稱這是公司的最後決定。由於

雙方無法達成共識，所以進度一度延宕。

幾天以後，進出口公司談判代表主動請陳先生重新協議，並提出願意以七百〇五美元的價格成交。進出口公司爲何做出如此大的讓步呢？原來大蒜的收穫期就要到了，如果不盡快成交，錯過收購期，品質和數量受影響，收購價格也會上漲。權衡利弊後，中方決定讓步。

然而，此時陳先生卻說出一番出人意料的話，他說：「我的祖籍是山東，對中國有很深的感情。這批大蒜一噸賣七百〇五美元，貴公司吃虧，我也於心不忍。做生意講究來日方長，我願意每噸增加五美元，算是交個朋友。」進出口公司不明白陳先生的意圖，不過，既然陳先生主動加價，何樂而不受？雙方立刻簽訂正式合同。

事實上，陳先生是一個十分精明的人，他主動加價，是爲了替以後的生意鋪路。果然，出貨時出現新的難題原定出貨港青島港的貨船已經離港，下一班需要一個月的時間。

於是，陳先生要求進出口公司將出貨口岸改在上海。中方經過權衡，覺得陳先生主動加價，表示友好態度，我方也應予回報。再者，在運費上面，運往青島用的是汽車，而運往上海用的是火車，火車的運費比汽車便宜，結算之後，能夠節省一些運費，最後，中方同意陳先生的請求。這次成功的合作，使進出口公司和陳先生建立了良好的貿易關係。

通常，在商場或工作中，自認爲精明的人總是處處考慮自身利益，擔心吃虧。可是陳先生卻在對方開價的基礎上主動讓步，表面看起來吃虧，實則是因爲加價而博得對方好感，爲以後的合作打開雙方相互信任、依託的局面。

三、知足常樂，盲目比較無益

現實生活中，每個人多少都有心理不平衡的事，例如看見某人賺大錢、升官、買車或買別墅時，可能會產生自己的能力比他們強，爲什麼卻不如他們風光體面的挫折感。而這種心理不平衡又會驅使人們去追求一種新的平衡。

倘若在追求新的平衡中，你能不昧良知，自覺接受道德的約束，通過正當的努力去實現人生的自我價值，達到一種新的平衡，就值得稱道和慶幸；倘若在追求新的平衡中，不擇手段，膨脹自私貪欲之心，讓身心處於失控的狀態，就會帶來一些意想不到的可怕後果，讓人生陷入難以挽回的敗局之中。

布魯克原先是個工作能力不錯，也很有實力的地方官員，因政績突出得到提拔。但在最近這幾年，當他知悉過去的同事、同學生活都過得比他好時，心生嫉妒，認爲自己能力不比他們差，而且，身爲地方官員，職位高、責任重，經濟上卻不如他們。於是，他在任職期間，收受賄賂，慾望沒有止境，最後淪爲階下囚。

弗爾克是一名年輕的教師，原先在教學上兢兢業業，對學生無私奉獻，贏得學生和家長的一致好評。有一次朋友聚會的晚宴上看見一些富有的人，開始覺得不是滋味，接下來無法專心教學，還經常在上班時間思考致富的方法，引起學生和家長不滿，也遭到學校警告，但他不思悔改，每天還是想著發財，甚至在朋友的鼓動下從事走私生意，結果當然是財沒發成，還成爲階下囚。

不平衡使得某些人心理自始至終處於一種極度不安的焦躁、矛盾、激憤之中，使他們牢騷滿腹，不思進取，工作得過且過，更有人鋌而走險，玩火自焚，走向不歸路。那麼，怎樣才能跳脫這種不平衡的心理呢？有以下幾種做法：

適當的比較產生動力

不平衡心理緣於比較方式或較對象不當。前面所說的地方官員和教師，他們選擇的比較對象是有錢人，並自認爲能力、才華不比他們差，而收穫卻比他們少，這種比較本來就不公平。其實，只要多想一想普通勞工階層，自然就不會產生嫉妒等的心理。與平凡人相比，我們的條件並不差，何必比上不足呢？

無私的態度是治療的良藥

心理不平衡導致心靈創傷，而無私則是治癒的良藥。在當今社會種種誘惑特別是金錢美色的誘惑面前，一些人目眩頭暈，忘記了做人的基本標準，在追求心理平衡的過程中，向腐敗、墮落的目標邁進。在他們身上缺少的是一種聖潔的信念、奮鬥的理想，缺少的是一種世界觀、人生觀的持續刻苦改造，以及不能自重、自省、自警、自勵，甚或達到一種高尚人格的修練。

四、做情緒的主人

大多數人都有受累於情緒的經歷，煩惱、壓抑、失落，甚至痛苦總是接二連三地來襲，於是頻頻抱怨生活對自己不公平，企盼某一天歡樂從此降臨。其實，喜怒哀樂是人之常情，人生更不可能一帆風順，關鍵在於如何有效地調整、控制自己的情緒，做生活的主人，做情緒的主人。

許多人都懂得要做情緒的主人這個道理，但遇到具體問題總是知難而退：「控制情緒實在是太難了。」言下之意就是：「我無法控制情緒。」別小看這些自我否定的話，這是一種嚴重的不良情緒暗示，它足以毀滅你的意志，喪失戰勝自我的決心。還有人習慣抱怨，從抱怨中得到片刻的安慰和解脫，結果卻因小失大，在無形中忽略了主宰生活的職責。所以，要改變身處逆境的態度，用積極的語氣對自己堅定地說：「我一定能走出情緒的低谷。」啓動潛意識的自主性，你將會成爲自己情緒的主人。

輸入自我控制的意識是開始駕馭自己的關鍵步驟。曾經有個中學生，不會控制自己的情緒，常常和同學爭吵，老師批評他沒有涵養，他還不服氣，甚至和老師爭執。老師沒有動怒，而是拿出詞典逐字逐句解釋給他聽，並列舉身邊大量事例，他嘴上沒說卻早已心悅誠服。從此，他有了自我控制的意識，經常提醒自己，主動調整情緒，注意自己的言行。就在這種潛移默化中，他養成健康而成熟的心態。

事實上，調整控制情緒並沒有想像中的困難，只要掌握一些正確的方法，就可以駕馭自己。在眾多調整情緒的方法中，你可以先學習「情緒轉移法」，即暫時避開不良刺激，把注意力、精力和興趣投入另一項活動中，減輕不良情緒對自己的衝擊。

舉個例子。卡佳大考落榜了，看到同學接到錄取通知書時深感失落，但她沒有讓自己沈浸在這種不良情緒中，而是幽默地告別好友：「我要去避難了。」接著就出門旅遊去了。風景如畫的大自然深深地吸引了她，遼闊的海洋掃去她心中的鬱悶，情緒平穩，心胸開闊，她終於又可以積極的心態走進生活，面對現實。

可以轉移情緒的活動很多，最好還是選擇自己的興趣愛好，如各種藝文活動、與親朋好友傾談、閱讀研究、琴棋書畫等。總之，將情緒轉移到這些事情上，盡量避免不良情緒的強烈撞擊，減少心理創傷，有利即時穩定情緒。

情緒轉移的關鍵是要主動及時，避免沈溺在消極的情緒中太久，立刻行動，你會發現自己可以戰勝情緒，也唯有你可以擔此重任。生活中經常可以聽到有人發牢騷，或是看到有人鬱鬱寡歡，精神恍惚。每個人或多或少都會遇到挫折，這時，可以找朋友傾訴、聽音樂、打球，或者是找心理醫生。不過，這裡要介紹的是一種認知層面的自我心理調節方法。俗話說：「求人不如求己。」不管別人如何熱心地幫助你，而眞正改變還是得靠自己。

爲什麼我們在不同時間會有不同的情緒反應呢？考試獲得第一名，在學校和家裡都有面子，自尊心得到滿足。反之，跟朋友吵架就會情緒低落，認爲朋友應該是有福同享、有難同當，不該爲一件小事吵得面紅耳赤。顯然，我們之所以高興或傷心，全都源自於主觀的「認知」，認知決定情緒。唱歌、跳舞只能暫時消除煩惱，等到冷靜下來，又會陷入負面的情緒中。這就是所謂的「治標不治本」，而沒有在「認知」上解決問題。

一般人都能調整自己的心態，以較好的態度面對社會，但也有少數人持有一些不合理的信念，在遇到重大挫折時容易一蹶不振，嚴重時甚至不能正常工作或學習，給自己和親戚朋友帶來很多麻煩。歸納起來，這些不合理的信念主要有三種。

第一種是絕對化的要求。有些人總是從自己的意願出發，認為事情應該這樣或那樣，例如「我必須獲得成功」、「別人必須很好地對我」等。

舉個例子。拉西爾因為幾門考試不及格被學校勸退，情緒低落。她母親說：上大學之前拉西爾學習一直很努力，成績也不錯，可是上了大學就一年不如一年了。後來她才瞭解到女兒在上大學後仍然沿用高中的學習方法，書上的每個字都要讀得清清楚楚，認為學習就應該不放過任何一個小問題。然而，大學的參考書很多，別人多半提綱挈領地復習重點，拉西爾卻是逐字精讀。結果雖然一天到晚抱著書本，還是跟不上進度，成績越來越差。如果拉西爾能早點認清觀念上的錯誤，改變學習方法，就不會落到最後退學的地步。

第二種是過分概括化，也就是以偏蓋全、以點蓋面。大部分的人都知道要改變這種不合理的信念，但卻經常下意識地犯這種錯誤。

瓊斯在兒子死後每天不停地重複著「我爲什麼不早點把兒子送醫院」，她認爲兒子的死完全是自己造成的結果，從而全盤否定自己。

其實，生活中這種例子比比皆是。成績差的學生往往會被當成壞學生，老師和家長也容易忽略他們的優點。談戀愛時也有會類似的情形，有的女孩只因爲對方蓄鬍子，就認定他流裡流氣、心術不正。生意人善於抓住人們這種心理，商品的包裝越來越花稍，因爲人們會認爲包裝好，品質一定好。電視上曾報導過一些所謂與國外合資的名貴藥其實和幾塊錢一袋的簡裝藥成分是完全一樣。

第三種是凡事悲觀。整日愁眉苦臉、自責自罪而難以自拔，甚至經常與人們對自己、對他人及對周圍環境採取絕對性的要求。當這種人認爲「必須」、「應該」的事情沒有發生時，就無法接受這種現實。前面提到的女大學生，她認爲自己必須讀完大學，所以在學校勸退時難以接受，堅決不離開宿舍，覺得一旦退學，往後將再沒有出息。實際上，很多沒讀大學的人，還是過得既充實又愉快。

每個人都應該經常反省自己，特別是遇到挫折時，更要理性檢視前因後果，以正確、合理的想法代替負面、不合理的想法。這樣一來，情緒自然會由消極變爲積極了。其實，客觀事物的發生、發展都是有一定的規律，不可能按某個人的意志運轉。我們不可能完全不遭遇失敗，所以最好少用「絕對」、「必須」這類字眼。同樣的，也不能武斷地評判某件事或因某件事而決定某個人的信用評價，這無疑是「理智上的法西斯主義」。不管是對自己或對別人，最好是評價他的行爲和表現，而不做人身攻擊。另外，凡事悲觀更是杞人憂天，人無完人，怎麼可能不犯錯呢？樂觀以對，才不會經常虛驚一場。天無絕人之路，不妨把擔心的時間移來做更充分的準備。

當然，說易行難，要眞正想開並不是一件容易的事，我們必須隨時提醒自己，促使「理性的我」戰勝「非理性的我」。

五、消極的心態使人聽不到財富的敲門聲

消極的心態會遠離財富，積極的心態則能吸引財富。抱著積極的心態不斷努力，就可以取得夢寐以求的財富。樂觀的人，容易持之以恆；悲觀的人，容易功虧一簣。以下有一個典型的例子。

這個故事的主人公叫奧斯卡。一九二九年某一天，他在美國中南部的奧克拉荷馬城火車站的月台等車。他在氣溫高達攝氏四十三度的西部沙漠地區已經停留好幾個月，為一個東方的公司勘探石油。

奧斯卡畢業於麻省理工學院。他把舊式探礦杖、電流計、磁力計、示波器、電子管和其他儀器結合成勘探石油的新式儀器。後來，奧斯卡得知公司因無力償付債務而破產，他失業了，前景黯淡，消極的心態開始侵蝕他的理智。

在火車站等待的空檔，他決定架起探礦儀器用以消磨時間，不料儀器上的讀數竟然顯示車站地下蘊藏石油，但奧斯卡已被負面的情緒蒙蔽，他在盛怒中踢毀儀器，大叫道：「這裡不可能有石油，絕對不可能。」

失業令奧斯卡一蹶不振，他一直在尋找的機會就在腳下，他不肯承認它，對自己完全喪失了信心。

自信，是成功的基本原則之一。最好經常檢驗自信心，反省是否在最需要的時候應用它。

奧斯卡在奧克拉荷馬城的火車站登上火車前，踢毀用以勘探石油的新式儀器，同時也丟掉了一個全美最富饒的石油礦藏地。不久之後，人們就發現奧克拉荷馬城地下的石油，這座城就浮在石油上。這個例子就證明了：積極的心態能吸引財富，消極的心態會排斥財富。

第二章

敞開心胸　放大格局

一、要拿得起，更要放得下

發條上得太緊的錶走不久；馬力加到極限的車開不長；繃得太緊的琴弦彈不久；情緒緊繃的人容易生病。因此，善用錶的人不會把發條上得過緊；善駕車的人不會把車開得過快；善操琴的人不會讓琴弦繃得過緊；善養生的人則會常保輕鬆愉快的心情。

二次世界大戰時，邱吉爾到北非蒙哥馬利行轅去移樽就教閒談時，蒙哥馬利說：「我不喝酒，不抽煙，晚上十點準時睡覺，所以我現在還是百分之百的健康。」邱吉爾卻說：「我剛好跟你相反，既抽煙，又喝酒，而且從不準時睡覺，但我現在卻百分之二百的健康。」很多人都覺得奇怪，像邱吉爾這樣一位身負重任、工作緊張的政治家，生活不規律，何以壽登大耄，而且還百分之二百的健康呢？

其實只要稍加留意，就可以知道他健康有賴於持之以恆的鍛鍊與輕鬆的心情。他抽煙、喝酒，又不準時睡覺，但在戰事最緊張的周末卻會去游泳，在選戰白熱化時會去釣魚，在演講結束後會去畫畫，而且經常叼著一支雪茄，放鬆心情。

放鬆心情的第一要素是「知止」。「知止」而心定，定而後能靜，靜而後能安，靜且安，怎麼還會不輕鬆呢？

第二要素是「謀定後動」。做任何事情，先有周密的安排，然後按部就班去做，就能應付自如，不會手忙腳亂。在這瞬息萬變的社會裡，難免有突發事件，此時更要沈住氣，詳細地安排。事事都謀定後而動，就能像謝安那樣，在淝水之戰的緊張時刻，保有下棋的閒情逸致。

第三要素是不做能力範圍之外的事。身兼數職，容易顧此失彼，或用非所長、心餘力絀，心情怎能輕鬆呢？

第四要素是「拿得起，放得下」。千萬不要整天掛念某件事，否則不僅於身有害，且於事無補。

第五要素是在輕鬆的心情下工作。工作可緊張，但心情須輕鬆。在肩負重擔時，在寫作疲累時，不妨高歌兩曲。心情越緊張，工作越做不好。

一個口吃的人，在悠閒自在地唱歌時，絕不會口吃；一個上臺演講就臉紅的人，在與愛人談心時一定能言善道。總之，要身體健康、工作順利，就要在輕鬆的心情下工作。

最後一個要素則是保留空閒的時間。很多使我們心情緊張的事，都是因爲時間短促，怕耽誤事造成的。若做每件事都留有餘裕，就可不慌不忙、從容不迫了。其中一種做法是將錶的時間撥快一點，然後經常用錶上的時間提醒自己，如此就不會延誤急事了。

很多醫學家都說，在輕鬆的心情下吃東西較易消化；在緊張的心情下吃東西容易得胃病。心情愉悅的人容易入睡；情緒緊繃的人則容易失眠。一般而言，步調慢的人比較長壽，步調緊促的人，身體經常會有毛病。

二、積極拓展社交圈

新的世紀，萬事萬物變化速度之快，有時眞的超乎想像。爲了跟上這快速發展的時代，每個人都在改變自己，因而，在人際交往中，心態的調整已經越來越重要了。

人與人之間的交流最怕的就是成見。第一印象十分重要。人們通常會把第一次的印象當成基準，這個基準會影響對方以後對你的言行的判斷。當然，每個人都會改變，當對方因爲某些改變而溝通不良時，可能就會從朋友變成陌生人，甚至是仇人。

曾經有位心理學家做了一個實驗：實驗人員讓兩組參加者打電話給同一位女士。但告訴第一組說，對方是一個冷酷、呆板、枯燥、乏味的人，而告訴第二組說，對方是一個熱情、活潑、開朗、有趣的人。結果，發現後者與那位女士相談甚歡，通話時間明顯比前者長。反之，前者與那位女士卻無法順利閒聊。

原因在於，你事先的預期或看法決定了後來的交往方式，包括你的語言資訊和非語言資訊都會受到預先期待的影響。

如果我們能以包容的心對待一切人事物，時時檢點自己，嚴以律己，寬以待人，就不會發生上述的情況，這也是與人相交的基本要件之一。生活在大千世界中的人其性格、興趣、職業、習慣等諸方面，具有很大的差異，對事物、問題的認識與理解也不盡相同。因此，調整自身的心態格外重要。

兩個不同的人同時移居到某個小鎮。第一個來到市郊，在加油站停下來問一名職員：「這個鎮裡的人怎麼樣？」加油站的職員反問：「你以前那個鎮上的人怎麼樣？」第一個人回答說：「他們糟透了，很不友好！」加油站的職員說：「我們這個鎮上的人也一樣。」第二個人來到市郊，也在同一個加油站停下來，並且問了相同的問題。加油站的職員同樣反問：「你以前那個鎮上的人怎麼樣？」第二個人回答：「他們好極了，十分友好！」加油站的職員也說：「我們鎮上的人也一樣。」由此可知，在人際交往中，你對別人的態度和別人對你的態度是一致的。有位心理學家曾經說過，我們通常能夠從別人的臉上讀到自己的表情。這句話深刻地揭示了人際交往中的預期，即態度是決定交往成敗的心理根據。

我們不能要求朋友與自己一樣，不能以自己的標準和經驗來衡量朋友的所作所爲，要承認朋友與自己的差別，並能容忍這種差別。不要企圖去改變別人，這樣做是徒勞的。宋代文士袁采說過：「聖賢猶不能無過，何況人非聖賢，安得每事盡善？」朋友

第二章

敞開心胸，放大格局

與朋友在日常的交往中，不可避免地要出現或大或小的失誤，這時不要動不動就橫加指責，大聲呵斥，或將他置於走投無路的境地，而要做到樂道人之善，多看別人的長處。交往成敗的關鍵在於調整自己的期待，把別人想像成天使，你就不會遇到魔鬼。

古人說得好：「無求備於一人，寬則得眾。」朋友間的日常交往中，若朋友未能滿足自己的需求、有什麼過錯或做了對不起自己的事情，不可懷恨在心。怨恨不僅會加深朋友間的誤會，影響友情，而且會擾亂正常思維，引起急躁情緒。

其實在當今的人際交往中，人們都有保持心理平衡的需要。你怎樣看別人，別人就怎樣看你；你怎樣對待別人，別人就怎樣對待你。否則，對方就會感到不平衡。所以，如果你事先對他人有消極的看法，那麼，這些看法勢必會無意識地流露出來，表現在你的語言或行動上。而對方察覺到你的言行後，也會做出相應的反應。

凡事都要站在朋友的角度去想，這樣就能夠理解朋友的所作所為。要眞正做到隨時調整好自己的心態，就必須提高對自身素質的要求，全面展現自己，多看別人的長處並原諒其過錯，包容對方的素質與涵養，這樣友誼之樹才會長青。有句古話說：徑路窄

處，留一步與人行；滋味濃的減三分讓人嘗。這就是人生極樂法。在道路的狹窄之處，應該停下來讓別人先行一步。只要心中常懷這種想法，人生就會快樂安詳。交友也應具備這種素質，遇事先讓人三分。

這又正如古人說的：「人情反覆，世路崎嶇，行去不遠，須知退一步之法。」

三、生氣是拿別人的錯誤懲罰自己

塞車嚴重，紅綠燈仍亮著紅燈，時間急迫。你煩躁地看著手錶的秒針。終於亮起綠燈，可是你前面的車子遲遲不啓動，開車的人正在發呆。你憤怒地狂按喇叭。那個人似乎驚醒了，倉促地發動車子。而你卻在幾秒鐘前還陷於不快的情緒之中。

美國研究應激反應的專家理查德．卡爾森說：「我們的惱怒有八十%是自己造成的。」這位加利福尼亞人在討論會上教人們如何不生氣。他還就此寫了一本書，把防止激動的方法歸納爲：「請冷靜下來！要承認生活是不公平的。任何人都不是完美的，任何事情都不會按計畫進行。」從二十世紀五十年代起，應激反應這個詞才被醫務人員用來說明身體和精神對極端刺激（噪音、時間壓力和衝突）的防衛反應。

現在研究人員知道，應激反應是在頭腦中產生的。即使是非常輕微的惱怒情緒，大腦也會命令分泌出更多的應激激素。這時，呼吸道擴張，大腦、心臟和肌肉系統會吸入更多的氧氣，血管擴張，心臟加快跳動，血糖值升高。

埃森醫學心理學研究所所長曼弗雷德．舍德洛夫斯基說：「短時間的應激反應是無害的。」還說：「使人受到壓力是長時間的應激反應。」他的研究調查結果顯示：「六十一％的德國人感到在工作中不能勝任；三十％的人因爲無法處理好工作和家庭的關係而有壓力；二十％的人抱怨與主管之間的關係緊張；十六％的人說在通勤時精神緊張。」

理查德．卡爾森提出一條黃金規則，即「不要讓小事情牽著鼻子走」。他建議：「要冷靜，要理解別人。表現出感激之情，別人會高興，自我感覺也會更好。」

學會傾聽別人的意見，不僅生活有趣，也可以博得別人的好感。每天至少對一個人說，你為什麼賞識他；不要只看別人的缺點，這種做法會導致雙方不愉悅；不要頑固地堅持自己的權利，這只是浪費精力；不要老是糾正別人，經常面帶微笑；不要打斷別人的話，不要讓別人為你的過失負責；接受不成功的事實，天不會因此而塌下來；請忘記凡事必須完美的想法，你自己也不是完美的，這樣生活才能輕鬆愉快。

當你抑制不住生氣時，請反問自己：「一年後生氣的理由是否還那麼重要？這會使你對許多事情得到正確的看法。」

四、成功沒有貴賤之分

成功是多元的，沒有貴賤之分，適合自己、擅長的就是最好的。

奧托．瓦拉赫是諾貝爾化學獎得主，他的成就極富傳奇色彩。瓦拉赫在就讀中學時，父母為他選擇文學之路，不料一個學期下來，老師寫了這樣的評語：「瓦拉赫很用功，但過分拘泥，這樣的人即使有著完美的品德，也不可能在文學上發揮出來。」此時，父母只好尊重兒子的意見，讓他改學油畫。然而，瓦拉赫既不善於構圖，又不會潤色，對藝術的理解力也不強，成績敬陪末座，學校的評語更是令人難以接受：「你是繪畫藝術方面的不可造就之才。」面對如此「笨拙」的學生，大部分的老師都認為他已成才無望，只有化學老師認為他做事一絲不苟，具備做化學實驗應有的特質，於是建議他嘗試學習化學。父母接受化學老師的建議。結果，瓦拉赫智慧的火花迅速被點燃。文學藝術的「不可造就之才」，頓時變成公認的「化學高材生」。

瓦拉赫的成功，說明這樣的道理：「人的智慧發展不均衡，有其優劣。人一旦找到關鍵點，就能充分發揮潛力，展現驚人的成績。」人們將這種現象稱為「瓦拉赫效應」。幸運之神會垂青忠於自己長處的人。松下幸之助曾說，人生成功的訣竅在於經營自己的長處，經營長處能使人生增值，反之，則會貶值。他還說，一個將牛奶賣得非常好的人就是成功，你沒有資格看不起他，除非你能證明你賣得比他更好。

據說有一次，愛因斯坦上物理實驗課時，不慎弄傷了右手。教授看到後歎口氣說：

「唉，你為什麼非要學物理，為什麼不去學醫學，法律或語言呢？」愛因斯坦回答：「我覺得自己對物理學有一種特別的愛好和才能。」這句話在當時聽起來似乎有點自負，但卻真實地說明了愛因斯坦對自己有充分的認識和信心。

國中畢業的小明，學科成績不高，無法進入明星高中就讀，因而感到前途渺茫。有一天，在美國留學回來的叔叔，知道小明的情況後，問他對哪方面有特別的興趣，小明說，水果雕刻技術之類。因此，叔叔鼓勵小明上職業學校培養廚師專業。幾年之後，小明進入一家三星級飯店。當他第一次將薪水交給父母時，父母驚訝萬分，他們工作幾十年的月薪比小明的薪資少很多。父母第一次以兒子的成就為傲。

成功學專家羅賓說：「每個人身上都蘊藏著一份特殊的才能。那份才能猶如一位熟睡的巨人，等待我們去喚醒，上天不會虧待任何一個人，他給我們每個人無窮的機會去充分發揮所長，每個人身上都藏著可以『立即』取用的能力，我們可以藉這個能力可以改變自己的人生。」

五、學會競爭

可怕的不是競爭，是不懂如何輕鬆競爭

競爭可以克服惰性，促進社會的進步和發展。對於每個人來說，競爭使人滿懷希望，朝氣蓬勃，發揮生理和體力上的潛能，達到精神上和心理上的滿足。但是，競爭也容易使人在長期緊張生活中產生焦慮、神經質、身心疲憊等問題。如果挫折容忍度低，就會引起消沈、精神異常，甚至犯罪、自殺等嚴重問題。

要正確面對競爭。有競爭，就會有輸贏，就會產生成功者和失敗者。一個人不承受多次失敗，缺少不甘落後的進取精神，沒有頑強的毅力和百折不撓的氣概，缺乏良好的心理承受能力，很難獲得成功。

正確評價自己。對自己要有客觀的、恰如其分的評估，努力縮小「理想我」與「現實我」的差距。在制定目標時，不好高騖遠，也不妄自菲薄，有系統地整合長程和短程

目標，腳踏實地實踐，才有助於理想的實現。

在競爭中要能審時度勢，揚長避短。一個人的需求、興趣和才能是多方面的。「一根腦筋通到底」的思維方式不一定可取。合理的調整才能增加競爭中成功的機率，減少挫折感。

失敗會帶來焦慮和沮喪，在挫折面前應該理智，自覺地進行情緒調控，擺脫消極情緒，迅速轉移注意力，可以用聽音樂、打球、跳舞、下棋等活動宣洩心理壓力。

以下是提高競爭優勢的方法：

(1)展示優秀的一面

想在競爭中取勝，只有依靠自身的實力。例如你是否擁有良好的溝通能力？有無團隊精神？當然，你所擁有的這些一定要是對手所沒有的，這樣才能突顯你的優勢。

某公司市場部助理露娜，她平時所做的企畫文案都十分精彩，不久前被提升為秘書室主任。當時露娜得知秘書室主任的職缺，公司預定由打字員西斯出任時，自信的她便毛遂自薦。總經理一邊翻看著露娜的文案，一邊對她一手漂亮的字發出讚歎。衡慮之後，決定放棄那個長得漂亮但文筆普通的西斯。

注意：

❶讓同事和上司瞭解你的才能，你就能得到比對手更多的機會。

❷在職業舞臺上跳出最美的舞蹈，就會得到最熱烈的掌聲。只是，要獲得掌聲與鮮花前，要先做到以下兩個前提：一是要有勇氣走上舞臺；二是要創作出比對手更優美的舞姿。

(2)避免與對手發生正面衝突

西西從任職行政經理的第一天開始，比爾就對她有很強的戒心，他認爲西西對自己是個威脅。於是，爲了保住現在的職位，比爾自恃在公司是資深員工，經常在老闆面前說西西的壞話。儘管西西感到憤怒，還是沒有與比爾發生正面衝突。半年後，西西正式被公司委派爲辦事處經理，而比爾一氣之下辭職了。

注意：

❶面對對手咄咄逼人之勢仍能保持冷靜，會顯出你的理智和遇事不亂的大將風度。

❷冷淡對手的攻擊也許會給人軟弱可欺的印象，但這只是暫時的，在那些能夠慧眼識才的上司眼裡，對手的尖刻恰恰反襯出你的大度。

❸以委婉又不卑不亢的態度化解與對手的正面衝突，顯示出你有極強的處理突發事件的應變能力。

❹要做到不但面對對手挑釁的言行時保持冷靜，也檢討自己的所作所爲是否給對手帶來了挑起爭端的機會，否則事發後你將處於被動地位。小心行事與適度的沈默會爲你省去許多麻煩和尷尬。

(3)擁有一顆寬容的心

「成者爲王，敗者爲寇」並不適用於競爭激烈的辦公室，因爲不論勝敗如何，大家還是要在一起工作。試著讓自己擁有一顆寬容的心，讓心緒變得平和，使自己能理解別人，這樣無論成敗你都是英雄。

人事部經理在離職之前，曾向公司推薦卡沙代替自己的職務，但最終坐在這個位置上的人卻是喬治。有人爲卡沙感到不平，畢竟喬治無論是資歷或學歷都比不上她。但卡沙笑著說：其實喬治有許多優點，活潑好學、聰明伶俐。

職場中的人際關係就是這樣，走到哪裡都不可能永遠公平，但是不居要職的你沒有生殺大權，在這個「是非之地」，如果不遵守其中的遊戲規則，那麼當裁員的號角吹響時，第一個被淘汰出局的人也許就是你。

所以，理解、包容自己的對手，看淡結果的得與失，你的心就會因這份平和而充滿寧靜和寬容。這樣，你在面對競爭對手的時候，就可以笑著迎接挑戰。勝利了，贏得輝煌；失敗了，同樣美麗。

實際上，在競爭中取勝的最好辦法就是在平時提高自己的競爭意識。如果你能做到工作上精益求精、人際關係和諧，在人群中脫穎而出，你根本就不必和別人競爭，因為，你的表現已經向上司和同事們證明，你的確是最好的。

選擇理想的競爭對手

身爲業務或辦公人員，如果對自己的人生沒有展望或抱負，只想維持現狀，就不需要尋找競爭對手；若想開拓更美好的人生目標，認眞摸索生活，最好在心中假想競爭對手。這裡所指的競爭對手，就是與你接觸會產生良性刺激，當你一想到這對手時，很自然地就會檢討自己。

重要的是，千萬不能找錯競爭對手，建議選擇能讓人產生向上意識的人。那麼，如何尋找這種競爭對手呢？這對有意開拓自己人生目標的人來說很重要。不願維持現狀而力求更上一層樓的人，應該樹立這種可作爲榜樣的競爭對手。

事實上，很多本來打算放棄卻再奮發起來的人，往往是在不甘心輸給競爭對手的心理刺激造成的。在採取行動時，只要先瞭解自己的立場或能力，再和競爭對手比較，發現自己的弱點或缺陷，就能更清楚地掌握致勝先機。

如果對自己不瞭解，就無法得知自己的性格屬於哪種類型，也沒辦法設想更具體的人生目標。所以，心裡有競爭對手而燃起鬥志的人，和沒有競爭對手而無鬥志的人，工作態度就差了一大截，再經過長期工作以後，兩人成就的差異就更大了。

學生時代，成績是大家共同爭取的目標，進入社會開始工作以後，競爭的目標就大不相同了。

在職場上，以職位的升遷作爲競爭目標，不免狹隘而市儈。因爲職位的升遷對不在意地位的人來說，若得到了只會像意外中獎般高興。因此，抱持淡泊的心境，透過自己的努力而獲得意外的拔擢，這種強烈對比形成的快感，才是人生一大樂事。

一直注意競爭對手的行動並關注自己晉升的可能，則容易流於肚量狹小的利己主義者。

通過競爭對手能增加自己做人的魅力。能找到合適的、強的競爭對手的人確實很幸運。不過，社會變遷快速，人也要相應地尋求變化才能成長，只知維持現狀無疑是固步自封。

若心目中的競爭對手逐漸失去「配合時代前進的向上意識」，那就應捨棄，重新樹立一個更有力的競爭對手。對手對你的成長已經不再產生推動作用，表示失去作爲競爭對手的價值。所以爲了自己的進步，就必須再找個對手，重新拓展人生。

最好的方式是，從周遭找出刺激自己、鼓勵自己和給自己力量的競爭對手。如果想使自己的人生充實、美妙，只靠自己一人孤軍奮戰，成就必然有限。因爲此時必須與自己的惰性心理對抗，與自我意識鬥爭，所以要確定好的競爭對手。

也可以從利害息息相關的同事中，找到適合的競爭對手。不過，最好還是把眼光放遠，留意公司外的人士。若能從親近的朋友中找出競爭對手更好。雖然朋友和你的目標不同，但同樣是爲了更美好的未來努力，只要留心，一定可找到這種人，藉此檢討自己，求取進步。

當然，將朋友當成競爭對象的事要隱瞞對方。有了這位對手做動力，當自己想要倦怠偷懶時，就能夠激勵自己，力圖振作，這樣不但對你有極大的幫助，也不會影響到彼此的友情。即使對方知道了也無妨，你將他當成競爭對手是尊敬他，對方應該會對你的積極想法抱以認同的態度。總之，這樣一來，不僅可以拉近兩人的關係，也可從彼此的所作所爲中學習其優點。

在人生旅途上，我們有和很多人接觸的機會，苦能找到可當成處世標準的優秀前輩、工作目標、亦敵亦友的朋友做爲競爭對手，那麼你在人生的道路上就邁出了一大步。有競爭對手的人生更有動力，能夠勇於向未知挑戰，同時能夠增加人格魅力。

隨時隨地反省自己

每年，許多企業和政府機構都會發表現階段或未來的預測和評估。企業通常採取股東報告的形式，而政府機構就發表白皮書，對各類事務做詳盡的報告和統計。個人情形也極類似，如果希望自己成功並付諸實踐，也必須檢討自己。對自己的人生、基本主張有一番徹底的瞭解，然後確立目標，確實執行。

建議隨時隨地反省自己。社會團體或政府機構，對民眾做宣傳或報告，目的通常是爲了使自己提出的預算或方案獲得通過。做法大致上是先分析目前的狀況，再提出統計結果，然後預測將來。這種做法有助於解決生活遇到的各種難題。

例如，辦公人員對自己目前的狀況要掌握住，而在實現自己人生目標時，現在應該做什麼、哪裡需要改善，經過仔細的檢討之後寫下來。如此一邊構思「自我檢討白皮書」，一面從各個角度反省自己，瞭解自己的程度、成果是相當有意義的。不但可以瞭解自己現在的立場，以及在企業內的地位，同時還能和同年齡或同時代的人進行比較。

自我檢討白皮書是將自身的特性赤裸裸地寫出來。腦中所想到的，以及冷靜觀察出來的都要寫，這樣才能眞正認識自己。所以，這種資料要整理得很確實，否則雖然表面寫得完整，但是內容卻可能和實際不符，而且沒有經過詳細檢討，按照這種計畫做出的預測會產生極大的偏差，甚至註定失敗。

製作「自我檢討白皮書」有助於瞭解自己，發掘需要改進的地方，也不會拘泥於現狀。如果沒有這些基本的瞭解，遇到社會上有什麼風潮，自己沒有主見和必要的準備，就只能盲目的跟風，其結果可想而知。若這種情況一再重複，最後連自己也會失去信心，甚至該做什麼樣的判斷也都無法確定，最後就會喪失自我。

有句話說「見樹不見林」，這是比喻只見部分不見整體或目光短淺。我們看樹木的同時，也要觀察森林。看了森林後，還要登高遠眺，用這樣的態度觀察自己，並檢討與周圍的平衡狀態有無偏差，才能一目了然。優秀的企業經營者能正確地掌握企業經營目標，因為他們看到是整座森林，而不只是樹木，所以能注意到企業全盤上重要的事情。

經常插花的人都知道，插花時要剪除多餘的枝葉，才能保證整瓶花活潑動人。不過，一般人總是喜歡掩飾自己，若想自我革新，就應消除這種掩飾作風，徹底檢討自己的內心。透過反省，可以知道自己的狀況，然後著手去計畫。這樣所看到的、聽到的才有意義。換句話說，充分瞭解自己的程度和狀況後，找出出發點，就能產生勇往直前的膽量。

經由「自我檢討白皮書」而掌握自己的人生目標，然後振作精神勇往前進，不再依戀過去。有如此上進的精神，縱使碰到不如意的環境，也能產生一股力量來克服。而人也將變得更積極，目光更遠大，做事更有彈性。又由於瞭解自己，因而明白到底要先做什麼、補充什麼、選擇那一種朋友才是正確的，使得目標變得更清晰。

從這份白皮書上可以吸收到抽象性的知識，且因交友廣闊，而能和各種人才來往。

結果，具體性的知識就會更豐富，做事也更有活力，或許還能開拓出新事業。因此，「自我檢討白皮書」令人受益匪淺，可當成自我變革的指標。

第三章

改變是生存的策略

一、改變膽怯和羞怯的通病

想像自己身處於一個你只認識幾個人的雞尾酒會上，你跟一些人談話，然後他們走開去取飲料或加入其他的人群裡，而另外一邊有一群人頗吸引你，現在你該怎麼辦呢？是走上前去，面帶微笑，自我介紹呢？還是站在那堆人的旁邊希望他們會注意到你？或是去找你認識的人？又或者是找藉口離開？

如果跟陌生人做自我介紹對你是件難事，那麼你一定是個害羞型的人。就像許多人一樣，害怕陌生人，甚至於你所認識的人。你可能討厭宴會，或是任何對你的前途有切身關係的情境，如面試或相親等。害羞隨時都令你畏縮。例如，你曾在某個地方工作幾個月，很想見見辦公室外的某些人，但因害羞而不敢開口；或是不知道該如何接近心儀的對象；或是害怕去看醫生或到理髮店理頭髮，只因你不知道該跟他們說什麼。

在倫敦市郊有位叫愛麗絲的女人，她發起成立了一個叫「門戶開放」的團體。這個團體的會員很少見面，雖然很多人都住得很近，但團員只是待在家中閱讀社團簡訊，幸運的話，可以利用電話與愛麗絲交談，甚至可以去拜訪愛麗絲。

幾年前，愛麗絲寫了一篇文章登在某雜誌上，內容描述她如何戰勝「曠野恐懼症」。她害怕出門，不敢跟陌生人講話，連日常生活中必要接觸的人都令她畏懼，於是她發現自己愈來愈畏縮只待在家中，不出門，不與任何外人見面。後來，她認清是怎麼一回事時，決心要克服它，經過一番努力，終於戰勝了恐懼感。

愛麗絲以前也寫過文章，但這次卻有很多人寫信告訴她：「我也有相同的困擾。」有些人的症狀輕微，只是逃避社交活動，或是不習慣與不熟的人交談；有些人則整天待在家裡，逛街時還需有人陪伴，甚至要等天黑才敢出門，坐車時一定緊閉車窗；另外還有些人不敢隨便開門，電話鈴響時，也不敢接。

愛麗絲知道，這些人之中大部分是深受另一種恐懼之苦害怕必須爲了某個理由而出現在任何一個特別的地方，他們希望脫離團體，卻又害怕獨處。

有什麼方法可以幫助這些人呢？愛麗絲發現心理分析並沒有什麼用處，因爲只找出原因並非病人眞正想要的，許多病人反而把他們分析出來的結果拿來當做不能面對世界的藉口：「等我把這些問題都解決了就敢出外與人碰面了。」但事實上他們會變得更害怕，更沒有獨立感。

想改掉這種毛病，患者不能有害怕的動機，這樣才不會加強害怕的心理。參加宴會、要求房東粉刷屋子或赴求職面試等去做任何一件你以前因害怕而逃避的事。愛麗斯就曾試過，即使是在她極度害怕之下，以爲根本不可能去做那些事的時候，她還是做了，所以她現在勸告別人：「要強迫自己擴大活動範圍。」

自我創造的原則告訴我們，害羞何以產生，以及爲什麼強迫自己才是唯一克服這種個性的方法。「害羞是習慣累積而來的，肇始之因很多，但都是以某種方式被強化：行爲裡一再表現這個動機。」有時候害羞會與疾病一起發生。

美達最近搬到一個新的城市，不幸染上肺炎及其他併發症。她尙未完全康復之前便開始想著：「我在此已住了六個月，但還沒有交到一個朋友，我想以後大概也交不到了。」結果她的行爲眞的證實了她的想法。雖然她目前已痊癒，但卻習慣待在家中度過寧靜的時光。不管是在外停留太久，或與陌生人在一起，都令她覺得痛苦。她對自己說爲什麼要去做那些事呢？於是拒絕了一切出外的邀請，不是藉口天氣太熱、太冷，就說是太累。甚至告訴自己，結交朋友是種痛苦的經驗，根本不可能做到，也不知道從何做起。她想，別人一定會覺得她無趣，或是笨拙、愚蠢，沒有人會喜歡她。

美達的害羞是疾病的後遺症，有些人則是受到父母的影響。例如莫利斯，他的雙親都非常內向，並且嚴厲地教導他，家人是可信的，其他人一概不能信任。於是，他年輕時就模仿父母的內向個性，年紀大了依然如此。

妮娜的爸爸媽媽雖然不是害羞的人，但卻要求她不要太外向。叮囑她是大家庭中的獨生女，同時告訴她女孩子應該安靜、有禮，不可太主動。妮娜愈是按照父母的話去做，就愈顯得害羞，結果使自己變得羞怯而喪失自信。

貝琪的父母則是以另一種方式使貝琪養成畏縮的個性。她的雙親極爲冒失，有一次他們把貝琪推到一位電影明星前要求簽名，雖然貝琪一向崇拜那位明星，但當時卻覺得萬分羞辱，於是下定決心：「我絕不使自己像他們那樣出盡洋相。」此後，她的行爲就盡量表現得與父母不同。

美達、莫利斯、妮娜及貝琪都替自己塑造了害羞的性格然後又一再地表現其內向行為，使得害羞的情形愈來愈嚴重，像習慣一樣深植於他們的心中。要克服畏縮羞怯，他們必須忽視那種感覺，並改掉這個習慣讓自己去做不敢做的事，體會與人接觸的樂趣，然後強迫自己去做。不要老是想找藉口離開、孤獨地坐著看時鐘走動，或是找別人替你做主。總之，最重要的是必須學習單獨面對陌生人。

你以前因害羞而錯失了許多美好的事物，甚至不斷加深別人讓你害怕的感覺，以及自己活在可怕世界裡的想法。現在，你冷靜思考到底是什麼東西讓你害怕？建議按照下列的指示進行檢討。

❶先想想你和別人有何相同之處，如人性的脆弱、感染疾病、渴望友誼、被人尊敬以及害怕死亡等。不論其身分地位如何，每個人都會有這些共同點。

❷找出你的長處與興趣，嘗試與別人一起做你喜歡且擅長的事，看看你表現得如何。或許你只有在家裡才能安心地與人相處；或者你是撞球高手，只有在打撞球時才不會害羞。注意在上述兩種場合裡，你有何不同的反應。你更喜歡自己嗎？或許在別的場

合可採取這種方式接近他人。

❸避免無謂的優越感。如果你總是認爲別人包括同事、親戚或朋友不如你，就是替自己造成不願接近別人的心理，因爲有一天他們可能也會這樣輕視你。自以爲是，會使你覺得唯有成功的人才有自信的權利。事實上，每個人，包括你自己，都有資格受到別人尊敬。

當然，也不能因此就認爲所有的人都很平凡，所以根本沒有所謂的「好的家庭」或「壞的家庭」的區別，金錢、住宅、職業、權利，均不能使你有權去輕視別人，或是被人輕視。沒人會譏笑你或表示你不配與他在一起。

❹不要找藉口說什麼時間、地點都不適合你加入人群。你的害羞通常來自於覺得自己闖入某個團體的時機不恰當造成的，因此，當你在社交場合裡，不妨假想自己永遠不能離開那裡，而且再也碰不到其他人了，這個團體就是你的世界，你必須在裡面找到朋友，別人也和你一樣需要幫助。

❺想想誰最令你害怕。他們是些什麼樣的人，他們是否屬於某個特殊的階層特別年

輕、富有、有魅力或特別有成就？你爲什麼會選擇這些人？

這時，你會發現，你根本不是眞的對這些人感興趣，而只是羨慕他們的年輕、外貌、金錢或地位，想要以後能夠對別人說，你曾跟某個有名的人說過話。在此情況下你就會畏縮，因爲你深怕對方知道事實後會拒絕你。

我們所要克服的害羞，是使你不敢向感興趣的人攀談的那種類型，你也知道辦法，即不要逃避盡量到你可以遇見人的地方，留下來跟他們談話，經常去尋找人群所在，然後按下列建議行事。

❶試著坐在人群的中心位置。害羞的人常喜歡躲在角落，怕引人注目。因爲這樣就沒有人注意到他們，因而「證實」沒人關心他們的想法。改掉這個習慣，讓別人有機會注意並關心你。

❷有話大聲說。內心想要離開人群的人，說話都很小聲，不妨提高講話的音調，有助於增加說話的自信。

❸別人跟你講話時，眼睛要看著他。害羞的人容易忘記這點。當然不必瞪著對方，

但至少要讓他知道你是在傾聽，而且目視對方還能讓你相信他會在乎你的反應。

❹別人沒有回應時，要再重複一遍。不要替自己找理由說是別人對你的話不感興趣。

❺別人打斷你的話頭時，要繼續把它說完。我們講話時常會被打斷，而羞怯的人有時還會用行動來造成別人打斷他的話，就好像那正是他所期望的事。不過有時對方插話也表示對方對你說的事愈來愈感興趣。所以下次不要把中斷談話當成藉口而逃離人群。

就這麼簡單嗎？看著對方，大聲說話？不錯。害羞的人自己都不知道他們說話時眼睛幾乎從來都不看別人，說話時也不夠大聲，導致他們更內向。

就像改變其他行為一樣，剛開始時你會覺得不安，覺得自己還是回到老樣子比較自在要提高音量或回到你被中斷前的話題實在荒謬，彷彿你突然像極了令你尷尬的父母。這時，根據擴大作用的方法，你先將一切恐懼的事情朝好的方面想，最重要的是不要在乎那些害怕的心理，那麼以後你就會發現自己成了另一個人。

只要你能下定決心，漸漸地你就能做到這些事情，並會驚訝地發現自己居然敢在眾人面前演講，上街時不需要朋友作件，即使面對陌生人，你也不再有拘束感，而且隨時充滿自信。

當你確實有意見要在會議上發表時，先在腦海裡打好草稿再當眾說出，不要只憑著一些零碎而沒把握說得好的句子就想發表某個話題，否則到後來你根本不知道自己要說什麼，反而變得語無倫次，草草結束。

切記，並非有了勇氣才敢說話，而是先去說話以培養自己的勇氣。剛開始你並不需要有什麼特別的勇氣，只要相信自我創造的原則能讓你有勇氣去改變就行了。很多在受訓中的人都曾對教練抱怨：「我做不到。」但教練會跟他說：「相信我，你一定可以！」當他們試著去做，往往都會成功。

受訓的人之所以成功，最初並非是對自己有信心，而是非常信任教練，然後才逐漸產生自信心。

世界上沒有從不懊悔的人。若有人說他的一生中從沒有後悔過，那他一定是超人或達觀的聖人，甚至是瘋子或白癡。一般人都有懊悔的經歷，有些人悔恨年輕時沒有刻苦或沒有把握時機，有些人一直沒辦法超脫，有些人則很有成就。

爲何有這種差異呢？有所成就的人，雖然也回顧過去失敗的痛苦經歷，卻能超脫出它的局限，將之視爲一種可貴的動力和經驗，再次遇到類似的情況時，就不致於重蹈覆轍，而會抱著反省的態度來處理面臨的事情。總之，不管事情如何，最重要的是現在，而對當前的狀況一定要具備相當的信心來處理。

反之，無法突破的人，總擔心若放手去做而失敗，一定會痛苦不堪，所以寧可不做，結果最後又懊悔自己當時的怯懦。而有成就的人則認爲與其什麼事都不做而以後悔恨，不如乾脆放手嘗試。這種人重實際，有極大的信心和魄力去勇敢實踐，縱使失敗，也能以失敗的經驗教訓作爲以後工作、學習的參考。正是因爲抱著強烈的上進心，積極地向工作挑戰，才會有所成就。

可是放棄追求，在還沒有嘗試以前就已經做好逃避的心理準備的人也相當多。這種人常悲觀地聲稱：「進入這個公司就是最大的錯誤。」或「我選擇了這個工作，就註定要失敗。」其實，一個人在任何時候都會有好幾條路可選擇，縱使選錯了，還有機會可選擇其他路。況且我們不能只觀察事物的外表，應對其實質詳細深究，若是自己有心求好，機會就是現在。然而，不少人總是拘泥於表面的狀況，對目前的環境與工作毫無熱情，如此自然不能開拓出自己的前程。

道理很簡單，自己應振奮精神開拓自己的命運，對眼前的困難要積極去挑戰，而在認眞尋求處理對策時，自己應時時刻刻愼重地考慮以選擇某些奮鬥時機。舉例來說，有一份對上司的報告是現在，還是明天呈送好？這也是一種選擇；是要馬上通知顧客，還是乾脆不通知？這也是一種選擇。可見公司職員平時要面臨的選擇很多，對這些選擇若能保持積極的態度來處理，無例外地會從中獲得快感。如果竭盡全力並處理得當，問題極可能出現在處理過程中。只要努力檢討改進，相信仍可妥善完成，結果將是增強處理問題的能力和信心。

碰到問題，沒有迎戰的意念，完全一副退避三舍的模樣，雖不會懊悔，也不會得到建設性的成果。無論做任何事，只要勇敢地嘗試，多多少少都會得到一些收穫。成功了固然令人興奮，失敗了，也不必灰心。重要的是如何處理失敗時的情緒。失敗所帶來的挫折感和後悔沒做等的諸多體驗，會不同程度地影響到日後的行爲。若是從此處事就變得怯懦，人生征途上可能又會增加一批消極者，令人感嘆。

任何事，都有成功和失敗的可能，對人生和事業抱有更高期望的人，就應體驗更多的成功與失敗。

那些有成就的人，是如何面對成功與失敗的呢？這些人總是能夠恰如其分地處理自己的情緒。他們認爲若因恐懼失敗而放棄任何嘗試機會，就不會進步。所以，凡事要去嘗試，萬一失敗也在所不惜。即使失敗了，也可作爲將來的借鑑。沒有嘗試就無從得知其深刻內涵，而嘗試過，則由於對實際的苦痛親身經歷過，這種種的體驗就成爲將來發展的基石和準備。

累積的經驗可以成爲日後的借鑑，理解這個簡單的道理，對任何事就應鼓起勇氣敢於挑戰。若害怕懊悔而對任何事都猶豫不決，就會失去做事的勇氣，而一旦失去那股衝勁的話，又怎麼能夠成功呢？

因此，做與不做完全取決於自身。要做的事情只要有五十%成功的希望，就應投入百分百的幹勁大膽地實行，只要盡力去做，最後總有收穫。在人生道路上，成功者往往是那些富冒險精神的人。

對畏懼者這裡有三條忠告：第一是不怕羞；第二是不怕流汗；第三是不怕麻煩。倘若你在剛進入公司時能經得起這三項考驗，或者是在較短時間內能通過這個難關，相信你將來一定是個極有前途的人。

我們不可能什麼都懂。對工作有不懂的地方，敢於拋棄畏懼心理，敢於去請教別人，是不斷成功的進取之路。爲了想多瞭解、多學習一些東西，在認眞地做好分內工作後，應該不斷地向外部世界拓展，無論公司內外，即使是其他單位的工作也學習，不怕勞累流汗。等到有可以作爲榜樣的人和事，就要不厭其煩地潛心學習。

具備這種理想和幹勁的人，幾乎沒有例外地都很有成就，苦盡甘來，這可以說是對他們的最高獎賞。可是，據我們觀察，現在培養人才的做做法與以前有所不同。以前當學徒，幾乎與傭人一樣，至少須做個三、五年，師傅極嚴格，甚至體罰。學徒也很認眞，吃盡苦頭方才出師，學得一身眞正的本領，甚至可以另立門戶。然而，這種情況現代幾乎看不到。

現代的企業選用人才時都非常愼重，注重知識和成績，但缺乏必要的實踐鍛鍊。在被任用之後，就投入很多的精力和時間進行培養，完全不同於以前的學徒制。好像一被任用，就如同當了明星一樣，接受公司的各種訓練，並被教授業務上的基礎知識和基本技能。企業處處顯示出對這些新進人員的極端重視。公司投下的血本，一定程度上反映了知識水準與實際能力的脫節。

當然，這是公司的一種策略，但只能維持一段時間而已，公司不會也不可能長久地以這種態度來款待新進人員。

在自己的道路上奮鬥不懈，盡早熟悉相關的業務，進而獨當一面。企業對新進人員的訓練，只是補充一些基本知識和基本技術，藉此增加實際工作的眞實感。實際上，還是必須靠自己努力、鑽研，充分發揮自己的智慧，早日爲公司做出貢獻。

除了努力鑽研之外，吸取教訓，總結經驗，也有助於進步。

人都有畏懼心理，問題是如何將這種畏懼心理減低到沒有反作用的程度。關鍵就在於不要害羞。例如有不懂的地方想要請教別人，又怕自己提出的這個問題太簡單或幼稚等，擔心被別人譏笑，甚至懷疑自己的智商。有這種顧慮的人，就是典型的膽怯者，害怕在別人面前丟臉，以致讓不懂的問題一直拖下去。姑且不說自己內心的不安，如果有一天被提拔，而剛好有敢於請教的新進人員向你請教，你不懂而不知如何回答，才是眞正會丟臉。

爲避免以後的尷尬，還是應該擺脫畏懼感，提早請教別人，即使是問簡單的問題，但礙於新進人員的身分，別人不僅不會嘲笑你，甚至可能讚賞你的勤奮好學。若等到被認爲是資深職員時，就很難放下身段去問別人了。

實際上，新進人員短時間內不瞭解工作環境、企業特點、人際關係、規章制度等沒關係，畢竟學校與社會是兩碼事。關鍵在於，不管任何事情，遇到不懂的就要隨時請教別人，否則永遠會一知半解。

鼓起勇氣發問，不一定會在別人面前出醜，甚至可能因爲這種好學的態度而博得他人的好感，或是被你學習的熱忱所感動，因而將累積幾十年的寶貴經驗毫無保留地傳授給你。話又說回來，只要對你的這種態度有好印象，前輩們就會在不知不覺中刻意訓練、幫助你，所以你怎能放棄這麼多大好時機而默不作聲呢？

之前曾提過，無論學習什麼新事物，都需要自己親身體驗，才能得到深刻的認識，這比靠空想去理解更真實、正確而有效。因此，不要怕辛苦，應不斷努力，遇到任何困難，都要不辭勞苦親身體驗。這種親臨其境的經驗，將成爲以後成功的基礎。

此外，人是在不斷磨練中成長茁壯的，而智慧又與體格有著密不可分的關係。不斷地運動、工作或思考，才能培養出敏捷的智慧。在體力充沛時，應該不怕辛勞，不怕艱困，充分拓展自己的智力資源。縱使年老體弱，身體不靈活時，只要長期訓練，頭腦仍然能像年輕人一樣反應迅捷，補償體力上的缺陷。尤其新進人員更需努力，當養成這種工作習慣後，全身的能量都可望得到發揮，愈到年老，就愈能體會其中的好處。

企業界有不少人準備過了六十歲以後，才開始專門從事動腦筋的工作，所以現在會不惜艱苦拚命工作，這顯然是合理地利用了體力和智力在不同年齡時期的優勢。年輕時偏重於體力勞動，等到身體逐漸老化，就轉而從事智力優勢的抽象思維工作。對日常行爲的判斷，只靠親身體驗或一般常識就足以應付。只要頭腦時常保持冷靜，善於觀察和捕捉事物，就可以建立獨特的判斷基準。思維也會老化僵硬，唯有不斷地運動和思考，才能注入新的活力，防止智力衰退，遇事自然能從容應付。

前面所說的三項要求中最後一項是不怕麻煩，即遇到理想的人或事，應善於交際，方法之一就是透過信件往來。通信的範圍極廣泛，不限於男女之間談情說愛的的情書。這裡所說的信，是在必要的時間、必要的環境下，爲讓對方更加深刻瞭解自己的交往誠意而寫的，這種方法有時比電話或面談有效，因爲文字實用而更具魅力。倘若因業務上或在私人的集會上，邂逅你認爲理想的人物時，應珍惜這份緣分，讓對方對你留下深刻的印象。

在各種集會中，難免會碰到使你印象深刻、覺得風趣、有才華或有個性的人。即使是初次見面，若你覺得有必要深交，還是可以先自我介紹，並率直地告訴對方你所感受到的強烈印象，然後表達你的誠意，將你的想法和觀感傳達給對方。之後可以寫封誠摯的信給他，試著成爲親近的朋友。

面對有理想的人，你自然會不厭其煩地拿起筆來，誠實地自我宣傳一番。在日常生活中，擠出一些時間做這方面的嘗試，有助於增添生活樂趣。

二、「顧影自憐」於事無補

有些人很難察覺生活中有何不對勁之處，有些人則自以為知道，但其實並不清楚。漢克逢人就解釋：「我十七歲時爲了供養弟弟而被迫輟學，好運不曾降臨在我身上。」

艾莎總是跟別人說：「我從小就患小兒痲痹症，行動不便，所以根本不可能找到好工作。」

瓊恩則自認：「我已經老了，如果生活一片空白，那也是無可奈何的事。」

「你不能期望我……」及「如果……也是無可奈何之事」之類的話，明顯地含有自憐成分在內，也表示說者只注意自己的問題，經常陷於自怨自艾中，希望引起他人的同情。

「世上只有我才能瞭解困苦所在。」這是他們最常說的一句話。

日常生活中，每個人或多或少都會遇到麻煩，有些人更是禍事連連，境遇不佳。例如久病在床、失戀、沒有住所、工作不順或身有殘疾。這些人爲自己難過也是無可厚非的事。但是，對一個經常爲其境遇悲傷的人，你會有什麼感覺呢？大部分的人聽久了多半會開始厭煩，甚至可能會勸對方向環境妥協，最糟的是不想再理他。

自憐產生的第一個問題就是引起他人反感。別人剛開始可能會同情你，但不久，他們就會感到厭煩。親朋好友或許還會繼續同情你，不過最後他們也會覺得沒有義務再理你。事實上，那些厭倦傾聽自憐者訴苦的人，並不是沒有憐憫心，而是因爲沒有人喜歡跟一個整天談論自己有多麼不幸的人在一起，跟這種人交談會覺得索然無味，而且也找不出方法可以幫助他。

自怨自艾只會使你不斷地問自己「我爲什麼會這個樣子呢」。若不去尋找答案，只是沮喪埋怨，悲觀地認定凡事都已註定，自己根本無法改變，那麼人生永遠不會有希望。總之，只要擺脫這種負面的情緒，就能從絕境中找到轉機。

想瞭解你的問題有多嚴重，可以先試試下面三個測驗，在三個星期之內做以下的事情：

❶不要對任何人提起你的問題。

❷不要因你的處境而責怪別人或任何事情。

❸不要說別人的處境比你好，同時盡量加入或大談自己喜歡的活動。

如果你能輕易做到上面三點，你就不必擔心自己有自憐的傾向。倘若你發現無法或很難堅持三個星期之久，即表示你有自憐的傾向。

一個人爲什麼會產生自憐之心呢？通常都是孩童時期造成的。艾莎七歲時，罹患小兒痲痺症，因病重而跛腳。父母、兄弟姊妹、老師，幾乎人人都同情她，她常聽到他們大嘆：「可憐的小孩，長大後會變成什麼樣呢？」

由於她既不能跑，也走不快，所以同學都不願意和她一起玩。父母爲了補救這點，特別爲她購買了其他小孩會想跟她一起玩的昂貴玩具，生日時也替她舉行盛大的慶祝會。

結果，艾莎不知不覺地就產生兩種偏差的想法。第一：只要她提及自身的殘廢，就可以獲得家人的愛；第二：當別人同情她或她擁有別人想要的東西時，別人才會愛她。

艾莎因小兒痲痹症而改變了生活，但內心的創傷卻是她自己及父母造成的。因爲他們都相信一個女孩要是跛腳就無法過正常的生活。他們的所作所爲更加深了這種想法，導致艾莎在往後的三十年裡，一味地執著於唯有表現得無助才能得到別人的同情。

自憐之情有可能源自於像艾莎這種眞正的不幸，也有可能出於微不足道的小事。朱蒂因沒能全年獲得優等的成績，就放棄原本想當律師的計畫，認爲找個秘書的工作就行了。

泰德不善於運動，他總覺得別人一定在背後嘲笑他，於是乾脆自暴自棄，以自己爲短處娛樂大家，成爲班上的小丑但是每當他譏笑自己時，他就更覺得自己一無所長，除非他能表演得更好，否則沒有人會喜歡他。

藍斯每次生病時，即使是輕微的病症，父母也會小題大作，擔心不已，對他照顧得無微不至。藍斯因爲喜歡父母替他準備三餐，更期望得到他們的同情，所以經常誇大病情，最後變成憂鬱症，甚至容易自憐。有人請他做事時，他都推說身體不舒服，導致最後唯有得到別人同情才會滿足。每當他利用藉口引起別人的同情時，他反而覺得需要更多的同情。他一直不願去追求同情以外的東西，而將生命浪費在無謂的自怨自艾上。

以上那幾個人艾莎、朱蒂、泰德、藍斯，皆認爲自己悲劇性的弱點，破壞了他們走向幸福及成功的希望。事實上，一個人有無殘障都是他自己造成的。眞的有缺陷時如瞎眼、跛腳或長期臥病在床別人會同情你，但是你不一定要顧影自憐，這種態度只會帶來反效果。

如果你是個自憐者，就要找出你自認爲可憐之處。你可能早就有自知之明，而且還經常向人提起。趕快停止這樣種行爲吧，在短期間內不向人抱怨，然後仔細思考到底是什麼事情令你害怕。當你看清楚自己的缺陷後，就會明白這些缺陷並不會毀了你的一生，最好盡量不要在意，如果每次都表現出一副無助的模樣，反而會加深自己的自卑感。

另外，在你遇到無法克服的困難時，要注意避免下列六種行爲：

❶不要讓別人攻擊或利用你。如果你失業了，整天待在家中，也不要太在意家人過分同情的言詞或嘲諷的話語。

你可能會擔心：「有一天要是我眞的生病了，或是成爲他們的負擔，我是不是就該聽他們的呢？」其實不必這樣。他們本來就會關心你，所以你可以要求他們不要以你的處境來束縛你，況且目前的處境只是暫時的，錯不在你。如果他們不肯順從你的意願，你可以另做打算，就是不要用各種方法討好他們，否則只會陷入自我厭惡的深淵，對身體的缺憾感到更加無奈。

❷不要降低對自己的期許。或許你認爲自己家境不夠寬裕，或者身體有缺陷而不敢期望有很大的成就，但是這種念頭只會加深覺得自己無能的想法。建議反其道而行，想到要做什麼或學什麼，就強迫自己盡力而爲，這可能會成爲你從自憐轉變爲自重的第一步。

❸別爲你的缺陷感到羞愧。貝絲因臂骨受傷，躺在床上好幾個月。在此期間，她不斷地對丈夫、孩子、探病者表示抱歉。這種舉動使她覺得意外事故毀掉她的生活。

當然，不是說不該表示感激之情，只是不必花太多時間或精力去表示，否則不但傷了自己，也會破壞你與他人之間的關係。

❹不要成為家務事的奴隸。如果你覺得自己應該負責煮飯、洗衣、照顧小孩等事，那你的潛意識裡一定是認為自己沒什麼長處，而且每當你在做這些家務事時，就越會有這種想法。

❺不要攻擊自己自己的缺點。有個很矮的朋友，總是自稱「矮子查理」，當我糾正他這種習慣時，他還半信半疑。然而，自從他不再叫自己「矮子查理」後，他再也不介意自己的身高，生活反而變得更輕鬆愉快。

❻不要因你的缺陷而承受不必要的壓力。在尚未有隱形眼鏡之前，很多女人因為不願意戴眼鏡而視線模糊，這樣不僅加重眼睛的負擔，還貶損了她們的身價，因為她們深信男人討厭女人戴眼鏡。

你不妨好好地靜下來想想缺陷使你失去了什麼，看清楚你的弱點是什麼。別限制自己去追求合理的目標，也別把心放在不可能的事上。就像你有口吃，就別一心只想當個播音員。不願面對事實比事實本身更可怕，而且會使不能做的事變得比其他能做的每件事更重要。當你花很多的心力補償自己的缺陷時，你會發現一個有趣的現象：例如你告訴自己：「要是我沒有這個弱點，不知道該有多好！」於是你把所有的精力都用在克服這個弱點上。結果或許你眞能除去形體上的缺陷，但卻可能比從前更不喜歡自己了。

愛爾文就是這種情形。他一直爲自己瘦高的外表所苦。於是，他決定增加體重以免去心中的困擾。後來，他眞的變成一個身強力壯的人，以前認爲的「缺點」已不存在。但是，他卻反而開始擔心自己的外表及體力。以前他只擔心自己不夠健美，現在卻害怕更多的事變老、生病或受傷。

當然，不是說不該努力以求改進，如果能克服口吃的習慣，或使自己看來更年輕、更迷人，有何不可呢？只是千萬別期望它能解決所有的問題。要把精力發揮在其他事情上，別把整個生命投注在單一事上。

避免太在意自己的缺點，尤其不要對缺點做任何補償除非是能帶給你快樂、力量及成就的積極事情。除了某些明顯不能做的事之外，你應該去尋求能做得好的事，並且不要認爲自己力有未殆。如果你表現得好，自然就會對自己更有信心了。

三、嫉妒是痛苦的，虛榮是愚蠢的

嫉妒等於害己

亨利是個四十多歲正當壯年的男子，但是健康欠佳，動輒失眠，心跳加速。到醫院健康檢查也沒有查出什麼大毛病。時間久了，才發現他的問題源自於他對周圍的人有一種強烈的嫉妒心。姑且不論他之所以「見不得別人比他強」的原因，單就其結果對亨利身體的傷害來講，就足見嫉妒心理的嚴重危害性。

嫉妒是一種難以公開的陰暗心理。在日常工作和社會交往中，嫉妒心常發生在一些與自己能力相當、能夠形成競爭的人身上。例如有人的論文獲獎時，一般人都會稱讚或表示祝賀，但就是有人會一言不發，心存芥蒂，甚至在事後或就這篇論文或就對方其他事情的「破綻」加以攻擊。萬一對方再如法炮製，以牙還牙，就會造成惡性循環，影響雙方的事業發展和身心健康。

因此，要克服嫉妒心理，首先要先思考後果，認清危害性。其次，一定要控制自己，不被嫉妒心所擾，不做傷害對方的偏激行爲。最後，不妨將精力投入到既感興趣又複雜的事情中，轉移注意力。

嫉妒心理往往發生在雙方及多方，注意自己的性格修養，尊重與幫助他人，尤其是自己的對手，不但可以克服嫉妒的心理，而且可使自己免受或少受嫉妒的傷害，同時還可以取得事業上的成功，享受生活的愉悅。

少一分虛榮就少一分嫉妒

有的人會根據自己的實際情況，有意識地充實自己，這是消除和化解嫉妒心理的直接對策。

伯特蘭·羅素是二十世紀聲譽卓著、影響深遠的思想家之一，也是一九五〇年諾貝爾文學獎得主。他在《快樂哲學》一書中談到嫉妒時說：「雖然嫉妒是一種罪惡，具有可怕的影響，但並非完全是個惡魔。它的一部分是一種英雄式痛苦的表現；人們在黑夜裡盲目地摸索，也許走向一個更好的歸宿，也許只是走向死亡與毀滅。要擺脫這種絕望，尋找康莊大道，文明人必須像他已經擴展了他的大腦一樣，擴展他的心胸。他必須學會超越自我，在超越自我的過程中，學得像宇宙萬物那樣逍遙自在。」

化解嫉妒心理的良方

(1)胸懷大度，寬厚待人

十九世紀初，蕭邦從波蘭流亡到巴黎。當時匈牙利鋼琴家李斯特已蜚聲樂壇，而蕭邦還是一個默默無聞的小人物。然而李斯特對蕭邦的才華卻深爲讚賞。爲了幫助蕭邦贏得觀眾的聲譽，李斯特想了個妙法：一般在演奏鋼琴時，須把劇場的燈熄滅，以便使觀眾在黑暗中聚精會神地聆聽演奏。李斯特坐在鋼琴前，當燈一滅，就悄悄地讓蕭邦過來代替自己演奏。觀眾被美妙的鋼琴演奏征服了。演奏完畢，燈亮了，人們既爲出現這位鋼琴演奏的新星而高興，又對李斯特推薦新秀深表欽佩。

(2)自知之明，客觀評價自己

一旦萌生嫉妒之心時，要積極主動地調整自己的意識和行動，冷靜地分析自己的想法和行爲，同時客觀地評價自己，找出一定的差距和問題。先認清自己，再評價別人，自然能夠有所覺悟。

(3)快樂可以治療嫉妒

快樂是治療嫉妒的良藥，意指要善於從生活中尋找快樂。如果一個人總是想：「和別人可能得到的歡樂相比，我那一點快樂算得了什麼呢？」那麼他就會永遠陷於痛苦與嫉妒之中。快樂是一種情緒心理，嫉妒也是一種情緒心理，要讓何種情緒心理佔據主導地位，要靠自己調整。

(4)少一分虛榮就少一分嫉妒心

虛榮心是一種扭曲了的自尊心。自尊心追求的是眞實的榮譽，而虛榮心追求的是虛假的榮譽。對於嫉妒者來說，他不願意別人超越自己，就是一種虛榮、一種空虛心理的需要。單純的虛榮心與嫉妒心理相比，比較容易克服。而兩者又緊密相連，所以克服一分虛榮心就少一分嫉妒。

(5)自我抑制是治療嫉妒心理的苦藥；自我宣洩，是治療嫉妒心理的特效藥。

嫉妒心理也是一種痛苦的心理，當還沒有發展到嚴重程度時，用各種感情的宣洩來舒緩一下是有必要的。

在這種發洩僅止處於出氣洩恨階段時，最好能找一個知心友人或親人，痛快地說個夠，暫求心理的平衡，然後由親友適時地開導。雖不能從根本上克服嫉妒心理，卻能中斷這種發洩繼續蔓延下去。另外，唱歌、跳舞、書畫、下棋、旅遊等，也是很好的宣洩管道。

少招嫉妒的明智辦法

日本心理學家詫摩武俊認為，引發嫉妒的原因主要有四種：

❶各方面條件與自己相同或不如自己的人居於優位。

❷自己所厭惡或輕視的人居於優位。

❸與自己同性別的人居於優位。

❹比自己更高明的人居於優位。

但他又指出，由於「嫉妒心是在本人還未察覺時，反射性地經由比較產生的」，所以這四個條件中任何一個若與下列否定條件重複，就不會產生嫉妒。

❶本人無意比較或認清事實，認為自己無法達到那樣的水準，或二者生活在不同層次的世界。

❷嫉妒的物件不在身邊。

❸藉由艱苦努力得到的結果。

根據產生嫉妒心理的這些基本條件和否定條件，我們可能可以找到淡化嫉妒的有效辦法。記住，淡化嫉妒也就是淡化優位你不比別人強，別人嫉妒你什麼？具體的實行方法有以下幾種：

(1)介紹自己的優位時，務必強調外在因素以沖淡優位

當被單獨派去辦事，別人去沒辦成而你卻辦妥時，你容易被認爲技高一籌，因聰明能幹而招致嫉妒。如果你說「我能辦妥這件事，是因爲我努力不懈」，就容易讓人覺得你處於優位是理所當然的，因而會嫉妒你的能力。但如果你說「我能辦妥這件事，一方面是因爲前面的同事打下基礎，另一方面多虧當地群眾的大力幫助」，將功勞歸於「我」以外的外在因素——前人種樹的結果，那麼自然就會使聽者產生「若我有前人的協助也能做到」的自我安慰想法，則他們的心理會暫時得到平衡，而「我」就在無形中被淡化了優位。

(2)談及自己的優位時，不喜形於色，應謙和有禮

優位人處於優位自是可喜可賀的事，加上別人的奉承，更容易陶醉而喜形於色，在無形中強化別人的嫉妒。所以面對別人的讚許恭賀，應謙和有禮、虛心，這樣，不僅顯示出自己的君子風度，淡化別人對你的嫉妒，還能博得對你的敬佩。請看下例：

「你畢業一年多就升到業務經理，眞了不起，前途不可限量啊！」朋友托西欽佩地對康比克說：「這沒什麼，是你過獎了。主要是我們這裡風水好，老闆和同事們抬

舉。」康比克見同年大學畢業的露卡在辦公室裡，就壓抑內心的欣喜，謙虛地回答。雖然露卡也嫉妒康比克的好運，但見他這麼謙虛，也就笑盈盈地主動與康比克的朋友托西打招呼：「來玩了？請坐啊！」

不難想像，康比克此時如果說什麼「憑我的能力早就應該升職了」之類的話，那麼露卡一定會產生嫉妒的心理，影響以後與康比克的同事情誼。

(3)不宜在優位者的同事、朋友面前故意誇獎優位者

任何人都希望處於優位而得到他人的誇獎，但卻往往不如人意。當同事、朋友各方面條件都差不多而其中有人處於優位時，平時不提起倒還無所謂，一旦有人刻意討論，其他人聽了當然不是滋味，甚至妒火中燒。因此，事不關己的人，最好盡量避免在優位者的同事、朋友等多人面前故意誇獎優位者，否則容易引發其對優位者的嫉妒，甚至嫉妒你與優位者的密切關係。

任職某機關的小李，在具有影響力的報刊上發表幾篇文章，小陳在小李的同事小余面前羨慕地誇獎道：「小李眞不錯，最近又有一篇文章在某某刊物上發表了！」小余頓

時斂住笑容，酸溜溜地說：「他那麼閒，發表兩篇文章有什麼了不起？」小陳見狀，自知失言，讓小余面子掛不住，只好尷尬地點頭微笑，默默走出辦公室。這就是小陳犯的大忌——在可能產生嫉妒的敏感區又投下引發嫉妒的「發酵劑」。

(4)突顯自身的劣勢，故意示弱以淡化優位

如同「中和反應」一樣，一個人身上的劣勢往往能淡化其優勢，讓人產生「平凡」的印象。當你處於優位時，突出自己的劣勢，可以減輕嫉妒者的心理壓力，使其產生一種「哦，他也和我一樣無能」的心理平衡感覺，從而淡化乃至免卻對你的嫉妒。

假設你是大學剛畢業的新任教師，對最新的教育理論有極深的研究，講課亦頗受學生歡迎，以至引起一些任教多年卻缺乏這方面研究的資深教師的強烈嫉妒。這時，你若坦誠佈公、突出自己的劣勢——沒有教學經驗、對學校和學生的情況不熟悉等——再輔以「希望老教師們多多指教」的謙虛話，就能有效地淡化自己的優位，襯托出對方的優位，減輕老教師對你的嫉妒。

事實上，在生活中，每個人都有自己優於別人的地方，也有不如別人的地方。顯示自己不如別人的地方，並虛心向別人學習，也是爲了在不被他人嫉妒的情況下鞏固自己的優位。

(5)不要當衆分親疏，容易給人厚此薄彼之嫌

在眾人面前談某群體中的某人時，若說「我們很要好」、「我倆情同手足」、「我和你們部門的某某交情很深」之類的話，會讓對方產生「你厚他薄我」的冷落感。這種稱謂具有明顯的排他性，對方會覺得被你稱爲「我們」中的人員是優位的而產生嫉妒。

(6)強調獲得優位的艱苦歷程，以淡化嫉妒心理

根據日本詫摩武俊嫉妒心理的否定條件之一：透過艱苦努力所取得的成果很少被人嫉妒的觀點來看，如果我們處於優位是因爲自己的艱苦努力而得到的，只要將此「艱苦歷程」告訴他人，就能引起他人同情，減少嫉妒心。

例如你比鄰居、同事還早買電腦，爲了避免招嫉，你可以這麼說：「我買這台電腦可不容易，是節衣縮食了整整六年，連場電影都捨不得看……」聽了這些話，對方就很難產生嫉妒之心。反之，或許還會報以欽佩的讚歎和由衷的同情。

(7)切忌在同性中談及敏感的事情

女性之間的嫉妒多半因容貌而起。嫉妒可以說是女人明顯的心理特徵之一，而女人通常又會因容貌姿色而佔有優勢。因此，女人對容貌、衣著及風度氣質所帶來的愛情生活、夫妻關係等相當敏感，容易產生嫉妒的心理。例如有位女士因長得漂亮被不少男性包圍，而那些長相普通、乏人追求的女性，就會不自覺地嫉妒她。建議諸位男性，千萬不要當著眾多女人的面誇讚其中一名女性「妳眞漂亮」、「妳打扮得眞時髦」、「妳的氣質眞高雅」或「妳的男朋友很有魅力」，這樣不僅會引起其他女性的嫉妒，甚至會對你產生莫名的敵意。

而男性之間的嫉妒多半起因於名譽、地位、事業。男人對人際關係、工作等最爲關注，也最易相互嫉妒。例如某人升職而贏得不少漂亮女性的青睞，某人因才華出眾、能說善道而聲名大噪等，都會引起其他同性友人的嫉妒。因此，在男性之間，女人不宜當眾評頭論足，說「某某眞能幹」、「某某的女朋友眞漂亮」或「某某和你是同時進公司的，現在卻已經是獨當一面的老闆了」，尤其作爲妻子，更不能比較或奚落自己的丈

夫，否則就算再敦厚的人，也會對他人產生嫉妒之心，導致家庭、鄰里、同事之間關係的僵化和冷漠。

學會淡化別人的嫉妒心理，有利於消除彼此的敵意和隔閡，成為各行各業的佼佼者。

四、自卑只是消極的感覺，不是真實的障礙

補償心理是個體在適應社會的過程中因不順利，而需要得到補償的一種心理適應機制。從心理學上看，這種補償其實就是一種「轉移」——為克服自己生理上的缺陷或心理上的自卑，而發展其他方面的長處、優勢，以期能趕上或超過他人的一種心理適應機制。

許多成功人士就是應用這種心理機制的作用，讓自卑感成為他們成功的動力。一般來說，「生理缺陷」愈大的人，自卑感就愈強，尋求補償的心理就愈大，成就大業的本

錢就愈多。解放黑奴的美國總統林肯，對自己出生微賤、面貌醜陋、言談舉止缺乏風度的缺陷十分敏感，爲了補償這些缺陷，他在燭光、燈光、水光前讀書，補強自己知識的貧乏。儘管眼眶越陷越深，但知識的營養卻對他的缺陷做了全面補償。最後，他擺脫了自卑，並成爲有傑出貢獻的美國總統。

貝多芬從小就有聽覺障礙，耳朵全聾後還克服困難地寫出了優美的《第九號交響曲》。他的名言：「人啊，你當自助！」成爲許多自強不息者的座右銘。

在補償心理的作用下，自卑感具有使人前進的反彈力。由於自卑，人們會意識到自己的不足，督促自己努力學習別人的長處，彌補自己的不足，從而磨練其性格，而堅強的性格正是獲取成功的心理基礎。

自卑能促使人走向成功。人道主義者威特．波庫指出，在每個人的內心深處都有一種靈性，憑藉此一靈性，人們得以完成許多豐功偉業。這種靈性是潛藏於每個人內心深處的一股力量——維持個性，對抗外來侵犯的力量。它就是人的「尊嚴」和「人格」。

人們爲了維護自己的尊嚴和人格，就要求自己克服自卑，戰勝自我。因此，令人難堪的種種因素往往可以成爲發展自我的跳板。一個人的眞正價値取決於能否跳脫自我設置的陷阱。眞正能夠解救我們的，只有我們自己。所謂「天助自助者」。

強者不是天生的，強者並非沒有軟弱的時候，強者之所以成爲強者，在於其善於戰勝自己的軟弱。

一代球王貝利初到巴西最有名氣的桑托斯足球隊時，因害怕那些大球星瞧不起自己，竟緊張得一夜未眠。後來他設法在球場上忘掉自我，專注踢球，保持泰然自若的心態，從此便以銳不可當之勢，踢進一千多個球。球王貝利戰勝自卑的過程告訴我們，不要懷疑、貶低自己，只要勇往直前，付諸行動，就一定能走向成功。因此，不甘自卑，發憤圖強，積極補償，是醫治自卑的良藥。

心理補償是一種使人轉敗爲勝的機制，如果運用得當，將有助於拓展人生境界。但應注意兩點：一是不可好高騖遠，追求不可能實現的補償目標；二是不要受賭氣情緒的驅使。只有積極的心理補償，才能激勵自己達到更高的人生目標。

自信來自於付諸行動

要克服恐懼，戰勝自卑，不能只是空想，必須付諸行動。最快、最有效的方法，就是去做自己害怕的事，直到成功爲止。

具體方法如下：

(1)突顯自己，挑前排的位子坐

在各種聚會或課堂上，後面的座位總是先被人坐滿，多數坐後排座位的人都希望自己不要太顯眼。因爲他們缺乏自信心，怕受人注目。

坐在前面能建立信心。因爲要敢爲人先，敢上人前，敢將自己置於眾目睽睽之下，必須有足夠的勇氣和膽量。久而久之，這種行爲成了習慣，自卑也會在潛移默化中變成自信。另外，坐在顯眼的位置，就會加深自己在長官或老師心中的分量，發揮突顯自己的作用。從現在開始，盡量往前坐吧！雖然坐前面會比較顯眼，但要記住，有關成功的一切都是顯眼的。

(2)睜大眼睛，正視別人

眼睛是靈魂之窗，一個人的眼神可以反映出性格，透露情感，傳遞微妙的資訊。不敢正視別人，意味著自卑、膽怯、恐懼；躲避別人的眼神，則會反射出陰暗、不坦蕩的心態。正視別人等於告訴對方：「我是誠實、光明正大的，我非常尊重、喜歡你。」因此，正視別人，是積極心態的反映、自信的象徵，更是個人魅力的展示。

(3)昂首挺胸，快步行走

許多心理學家指出，人們行走的姿勢、步伐與其心理狀態有一定關係。懶散的姿勢、緩慢的步伐是情緒低落的表現。仔細觀察就會發現，身體的動作是心靈活動的結果。那些遭受打擊、被排斥的人，走起路來總是拖拖拉拉，缺乏自信。倘若能改變行走的姿勢與速度，將有助於心境的調整。將走路速度加快，就彷彿告訴整個世界：「我要到一個重要的地方，去做很重要的事情。」步伐輕快敏捷，抬首挺胸，會給人帶來明朗的心境，使自卑逃遁，湧現自信。

(4)練習當衆發言

面對大庭廣眾講話，需要極大的勇氣和膽量，這是培養和鍛鍊自信的重要途徑。在我們周圍，有很多思路敏捷、天資高的人，就是因爲缺乏信心，而無法發揮他們的長處參與討論。

在公眾場合，沈默寡言的人都認爲「我的意見可能沒有價值，如果說出來，別人可能會覺得很愚蠢，我最好什麼也別說。而且，其他人可能都比我懂得多，我不想讓他們知道我是這麼無知」，這些人常常會對自己許下渺茫的諾言：「等下一次再發言。」可是，他們很清楚自己是無法實現這個諾言的。每次的沈默寡言，都是自信的再次喪失，久而久之，就難以從自卑中自拔。

只要盡量發言，就會增加信心。不論是參加什麼性質的會議，每次都要主動發言。有許多原本木訥或者口吃的人，都是透過練習當眾發言而變得充滿自信，如蕭伯納、田中角榮、德謨斯梯尼（Demosthenes）等。

(5)學會微笑

大部分人都知道微笑能帶來自信，但是仍有許多人不相信，因爲在他們恐懼時，從不試著笑一下。

眞正的笑不但能治癒自己的不良情緒，還能立刻化解別人的敵對情緒。如果你眞誠地向每個人展顏微笑，他就會對你產生好感，這種好感足以使你充滿自信。正如一首詩所說：「微笑是疲倦者的休息、沮喪者的白天、悲傷者的陽光，更大自然的最佳營養。」

多愛自己一點

怎樣「多愛自己一點」？總要先找到一些方法，我們先探討一些可以幫助自己愛自己的具體方法。

請先做一個小小試驗：

❶寫下自己的十個優點，寫完之後默念三遍，然後閉上眼睛，在心中再默念三遍。

❷張開眼睛，伸出雙手請別人壓一壓。

❸寫下十個缺點，寫完之後默念三遍，然後閉上眼睛，在心中再默念三遍。

❹張開眼睛，伸出雙手請別人壓一壓，體會一下是什麼感覺。

相信實驗的結果是在默念優點之後，伸出的雙手很難被壓下來，爲什麼？因爲它變得比較有力。這個小小的試驗就是讓你具體地體驗負面的、消極的及正面的、肯定的思想對一個人整體（生理、心理及精神的整合）的影響。

一位美國醫生皮爾叟曾做過一項研究，兩百名參加宴會的賓客品嘗了同樣的食物之後，其中一半的人食物中毒，但另一半人卻安然無恙。他覺得好奇，想瞭解其中的奧妙，結果發現那些未中毒的人生活態度較積極，自我價值極高，對事情較看得開，處事較有彈性。用一句精神心理學的話來說，就是他們的心靈的力量，也就是心能較大、較強。換句話說，心能越大，免疫系統功能越強，人就越健康。事實上，醫生、心理學家等人對於心能的大小強弱對人各方面的影響，早就提出各種理論與實驗結果，只是我們不知道罷了。

其實，心靈的力量很容易培養，因爲人的心靈很單純，唯一的要求是要相信並肯定自己，但是相信自己的最大困難，就是永遠會與別人比較：我不夠好，別人比我更好；

我不夠仁慈，張三比我更仁慈；我不夠漂亮，因爲……人們總是有理由否定自己。

人是很有意思的動物，許多人很難愛自己，卻要求得到別人的愛；看到自己的盡是缺點，但當別人指出這些缺點時，卻又不高興；看不到自己的優點，但當別人指出它們時卻不能相信與接受。事實上，我在開始學習瞭解人性之後發現，人的問題不少，有的是天生的，就是與別人比較，缺乏自信，愛自我責備。針對這幾點，我提出下列的方法來改善。

❶跳出「與別人比較」的模式，成爲與「自己比較」的獨立自我。要做到這點很困難，因爲我們從小到大所受的教育多半是與別人比較，我們已經養成了這種比較的習慣。但習慣是可以改變的，凡事起頭難，找一個好朋友一起做，彼此鼓勵、切磋與支援。

❷寫下自己所有的優點。在許多場合，我要求參與者寫下優點時，他們覺得很難，但要他們寫缺點時，卻又快又多。因此，請大家努力思考自己的優點，若想不出來，就問朋友或家人，有時候別人知道我們的優點，反而比自己知道得多。

❸每天早上、中午及晚上念自己的優點三遍。剛開始可能覺得不自在，甚至有些虛假，但仍要持續去做，做了一段時間之後，你會發現優點增加了。

❹每天記下自己所做的事，在好事、好的表現上面做一個記號，在需要改進的事及欠缺的方面做上一個記號，到晚上再做總記錄。做完記錄之後，好好地欣賞與肯定自己所做的好事。對需要改進的事就告訴自己：「今天我有些自私，明天我會改進，做得更好。」要謝謝今天所發生的一切人、事、物，感謝它們使你有學習、改進和成長的機會。

❺用幽默的態度「嘲笑」自己做得不夠好的地方，不要嚴肅地責怪自己。例如將「看，你又犯了這毛病」、「你怎麼這麼笨，老是學不會，難怪別人都不喜歡你」等，轉換成「你又開始自我中心了」、「我是很努力，但下次要更小心、更努力」。

五、突破自我困惑的方法

學會宣洩焦慮

如果我們對事情沒有雀躍興奮之情，生活會非常沈悶。性、飲食、運動、競爭或任何享樂活動所引起的激情，都將變成生活的壓力。當一個人對新的發現感到興奮，或者對任何事情的感覺都很強烈時無論這感覺是恐懼、生氣或愉快都會感受到壓力的存在。不過，壓力會促使我們採取行動，追求更高的成就及快樂。實際上，壓力不僅是生活中應該有的，而且也是必要的。所以，我們不應該除去壓力，應該學習控制憂慮。

不論貧富強弱，任何人的生活中都充滿了不確定性。在沒有陷入憂慮之前，最好先問自己三個問題。

❶憂慮會使疾病消失嗎？

❷憂慮能節省金錢嗎？

❸憂慮能避免災禍嗎？

憂慮會侵蝕你的健康、增加不幸事件發生的可能性，加速你走入絕境，更可能使你停止對問題採取建設性的行動。因此，憂慮可以說是一種自我破壞的行動。而建設性行動的激勵或壓力能增進健康，提高你工作時的警覺性，使你成爲敏銳而稱職的職員。

「對未來感到恐懼而註定失敗；冒險向前，勇敢地面對生活中不確定的事情，並且享受眼前的生活」的決定權在自己。

適應力好的人能接受激情的波濤，並能消除憂慮使身體恢復平衡。不能藉自然規律除去憂慮的人，容易求助於藥物或酒精，得到暫時的解脫，但是藥物或酒精會對人的身體造成危害，也不能幫助你解決生活中的任何問題。

工作和責任使我們不斷地面對壓力，加上一些日常的例行事務如開車、購物以及和政府機關或私人公司打交道都會造成人的苦惱和心理上的痛苦。當我們和別人一起生活或相處時，總會發生衝突、誤解，使我們產生苦腦的情緒。通常只有在社會允許的有限情境裡才能直接表達這種感覺，如接受心理治療。但我們不可能一有問題就接受心理治療。因此，我們必須學習如何以社會許可的方式來表達日常生活中累積的苦惱。如果我們能善用機智、幽默和諷刺的眼光來看待生活中的問題，就可以達到這個目的。

幽默不僅能被社會接受，甚至還廣受歡迎。健康的適應力包括兩個方面：一是如何在控制下適當地表達感情；二是在適當的時刻表達上述感情。

生活的義務是要對生活的責任抱著理性和嚴肅的態度，但我們必須定期從這義務中放鬆自己，讓我們從嚴肅的責任中得到休息。這就是必要的發洩。

某些失落感是不可避免的，除非我們在年輕時就死亡。

失落感是非常主觀的經驗，憂傷的程度決定於對失去事物投資多少心血而定。最令人痛心的莫過於失去心愛的人，但也有些人會對失去金錢或財物痛不欲生。

失落感造成的憂慮和前面討論過的憂慮不盡相同。失落的憂慮是因爲悲傷，而不是因爲罪惡感和自責。因此，對於深受失落之害的你，重要的是認清眞正的悲哀然後去面對它。不要逃避，也不要強壓在心裡。當一個人遭遇到心愛的人突然死亡，心理上會產生極大的震撼與極深的悲傷。他的最初反應往往是震撼與否認，如「我知道死亡免不了，但我仍無法接受摯愛的人就此消逝」、「我的愛沒有止境，我的愛人怎能就此離我而去」等。

不要否認痛苦，如果你覺得自己受不了傷害就承認它。因爲失落而悲傷是正常的，是能爲社會接受的，而且，這也證明你有活力，對生活有正常的反應。如果想哭，就盡情地哭，哭泣會沖淡悲哀，幫助心情復原。如果我們總是在別人面前掩飾自己的悲傷，結果將與自己的感情脫節。在美國社會裡，向來鼓勵人們有淚不輕彈，其實這是一種不健康的自我壓抑。我們應該瞭解，哭泣並不代表軟弱，而是一種發洩，強制自己壓制悲傷，結果往往適得其反。

還有，盡量忘掉那些使你不快、使你痛苦的事情。要知道，生活是全方位的，有黑暗的一面，也有光明的一面。既然如此，何不想辦法從黑暗中走出來，用自己的全部身心來迎接並擁抱光明？

克制衝動行爲

我們先來看看哪些是典型的心理衝動所引起的行爲，最明顯的例子是賭博、喝酒、暴飲暴食，其次是看電視、打掃、整理家務、逛街、打球、玩牌等。當然這些並不一定完全是情不自禁的行爲。

最初，許多有益身心的活動是爲了某些有利的原因而開始的，但後來卻常變成是一種無法抗拒的衝動，只爲了要逃避、麻醉痛苦等，例如工作、讀書、研究、慢跑

席德尼經常豪賭，因爲他在學生時代曾經誇口要創一番事業，但至今仍一事無成，所以他把注意力全部集中在牌桌上，藉以忘掉他的落魄生活。

瑪莎整天泡在電視機前，因爲她的婚姻不夠美滿，看電視變成她的生活重心。

菲菲的衝動時間較短，在雞尾酒會裡，她發現出席的都是年輕人，於是便一再忍不住地大吃大喝，想要逃避自覺漸漸變老的痛苦感覺。

無論衝動是表現得如嗜好杯中物那麼明顯，或是輕微的只在被人批評時咬指甲，目的都是爲了要逃避。

第三章

改變是生存的策略

衝動是心靈痛苦時的麻醉劑，而且人們無法抗拒。但是這種麻醉劑只是暫時使人解除痛苦，不能眞正地解決問題。衝動還有其他的缺點，它使你無法享受與衝動本身無關的事情。

停止某項活動，無法就此除掉其心理衝動，雖說這也牽涉習慣會循環的問題：玩橋牌就更增加要打橋牌的動機，但其基本動機卻是需要利用某種活動來忘掉痛苦、麻醉神經或耗掉精力等。例如席德尼用很強的意志力才使自己離開牌桌，但他如不知沈溺打牌之因，很可能很快就又找到另一種逃避的方法，如沈迷於某種運動或金融統計學。

心理分析家分析衝動所產生的行爲，只是某個潛在問題的症狀罷了，主張不要直接去對付衝動，而要先解決基本問題，才能驅逐衝動的慾望。這樣做有兩個好處。

第一、衝動除了會加重問題的嚴重性，只要每次你有衝動，就會使這種毛病更加惡化。

第二、能診斷出眞正的問題在哪裡。心理衝動的人會意識到自己做錯了某事，但這並不是說他不認爲別人也有錯。在內心深處，他要控告的是自己，因爲他一直在壓抑自己的某種失敗、無能或內心無法承認的事。如席德尼不能面對他失敗的生活，瑪莎不能面對婚姻不美滿，菲菲不能面對漸漸老去的年華。所以，衝動的眞正功用在於，即是使他們不必去面對眞正的問題，最終還是得解決問題。第一步就是要面對它，而最佳的途徑就是經由衝動本身去找出潛在的問題。

剛開始對付衝動時，會產生與對付壞習慣時同樣的情形，而如何發現衝動之因，更需要敏銳的心思。你可以試試下面的方法。

一、盡全力地停止你一直想要做的事如果你無法長期停止的話，先暫停一段時期。如果又萌發了衝動的意念，那麼把我們前面曾提到，在改掉壞習慣時仍會想去做的問題拿來自問，尤其是其中的幾個問題要特別強調：「我爲什麼又想去做了呢？」、「不做那件事對我的生活有何影響？」、「不做那件事，我會怎麼想？」

二、提出根本的問題，停止那個行爲時再去檢查你的想法或許更有用。例如，你正在戒菸，但是你覺得戒菸讓自己變得不夠成熟，或者以爲手中有一支菸，朋友才會接納你，這點便暗示你抽菸是企圖麻痹自己沒有社交能力的感覺。接著，再看看你是否眞想在社交場合吸菸？或是因在社交場合覺得緊張才想吸？

三、列出衝動的缺點，看看衝動行爲使你付出了什麼代價？金錢？名譽？時間？它如何拘束你？它如何令你覺得無望？

列出缺點，如果你還有發現新的缺點再加上去。正確地說出問題所在，亦即你在逃避的事情。運用各種知識，把問題說得更透徹，愈能夠解決它。

四、列出衝動的優點。例如，衝動的行爲如何使你不必去應付根本問題？如何麻醉你的痛苦？如何在其他方面保護你，使你不必接受本來該有的懲罰？

五、勿將自己的價值建立在衝動的行爲上。例如，有個人把所有的時間都花在他的事業上，幾乎沒空陪家人，他的說法是要賺錢養家。有一天，他的心臟病突發，自己也知道該歇息，但他依然放不下要賺大錢的念頭。他一向付錢大方，身上常帶著支票，而且在談話間有意無意地吹噓他的收入，別人即使不求援於他，他也會給予經濟上的資助。他要別人知道那是他的專長。一旦他太過看重，要戒除這種壞習慣就很難了。目前，他該做的是建立其他方面的興趣，以及不再用能賺多少錢來證明自己的身分。

六、認清並停止一切與衝動有關的僞裝行爲。酒鬼總是說他能喝下多少酒，喜歡暴飲暴食的人又會說他今天是故意要破壞節食計畫。不要再僞裝下去了！你至少得告訴另一個人說你是沒法控制自己，是出於衝動。

七、找出你自己有助於做出衝動行爲的感覺，然後將它除去。換句話說，要去找出問題所在。例如整天玩橋牌的席德尼，深覺無法實現學生時代立下的諾言，迫使他必須找到一些他依然能夠讚美自己年輕時代的方法（如他目前是某俱樂部的會員，在聚會中與老同學聊天時，偶爾會刻意談到他以最高榮譽獲得的學位，提到人人都知曉的他的畢業論文，以及亮出畢業生榮譽學會的鑰匙。此外，他又訂了兩份有關數理的雜誌以炫耀其才學，並將學術獎狀裱框懸在牆上。如此一來，任誰都會對他過去的美好時光、成就、諾言，一再地表示敬佩）。對席德尼來說，只戒掉玩橋牌的惡習還不夠，他得找出能令他鄙視目前行爲的方法。例如，他是否隱瞞某些有關自身的事實，才會造成羞辱感？他是否在某些數字字上說謊，如誇大其收入、職位、客戶人數，並認爲如果說出眞正的數字別人就會瞧不起他？

第三章
改變是生存的策略

我們是否重視某件事情，多依日常的行爲而定。如果我們老抓著過去的事不放，經常提到它，就會把它帶入未來中。菲菲要做的就是找出那些造成她害怕並憎恨年紀變大的行爲，然後改變這些行爲。

瑪莎該面對她的婚姻，看看是不是她自身的行爲令她無端地感覺婚姻失敗。如果她的婚姻眞的無可救藥，就應該立刻做果斷的決定。如果不面對問題，就會一輩子生活在衝動及沮喪的麻木世界中。

「對自己太過苛求」是生活中引起一個人衝動行爲的常見原因。若你爲自己訂下不合乎實際的標準，就會無可避免地覺得自己是個失敗者。對自己的要求要合理客觀是唯一可避免這種情況的方法。

對自己過分要求，可由過分投入別人的生活中看出端倪。當然，這並不是說過分投入是愚蠢的行爲，如果你那樣想，這將會是個自私自利、邪惡的世界。因此，並非要對別人的生活漠不關心，而是關心別人應有合理的限度。所謂的「合理」，一方面是你自己能負擔，另一方面是對方也受得了你的關心，而且還覺得幸福、快樂才行。例如，一直想賺錢的人，如果只是爲了替家人買棟豪宅、提供良好的教育、過優渥的生活，而長期從事他根本不喜歡的工作，就會使自己成爲一個易怒的人，反而使家人懼怕、躲避他。

另外又有一個人一星期拼命工作七天，可以說是爲自己的公司鞠躬盡瘁。但這樣做合理嗎？當然不合理！但很多人都有這種類似的行爲。

「但我又能怎麼辦呢？」他們會大叫：「我是逃不掉！」

不，你絕不會逃不掉。世上很少有跳脫不了的陷阱。

本章能幫助那些有衝動行爲者發現哪些行爲是他們認爲必須，而事實上根本是不必要的活動。在你有可能超越別人的地方，不要爲了小過錯而道歉；不要因怕自己不受歡迎，而接受不合理的工作。另外，不要隱瞞問題，不要老是讓步，不要苛求別人達到你的標準。

當你一邊做上面那些事，你會覺得有受挫感或不被人所瞭解，然而某些衝動的行爲卻又能讓你逃避那些感覺。

要對付衝動，確實有必要雙管齊下，一方面要克制自己的行動，一方面要對付行動背後所隱藏的問題。

事實上，要脫離衝動，並不必解決基本問題，只要你能面對它、瞭解它就夠了。如果問題已經明朗化，而你還讓它存在，那麼衝動行爲對你來講就沒有其他好處了。它的作用是讓你不知事實爲何，而它的功效亦在告訴你補救無望。如果你已面對事實，就可改掉衝動的習慣。

停止衝動行爲有助於瞭解基本問題所在，而對付問題使得停止衝動行爲更加容易。

克服抑鬱心理

所謂抑鬱就是感覺生活無望，對任何事情都不感興趣，覺得活在世上很痛苦。

許多人長期患有這種輕微症狀而不自知。例如，我們剛開始做某些事情時，一定是興致勃勃，但沒多久這股熱情就消失了，最簡單的事情也會覺得煩雜不堪，毫無意義。

因此，桌上堆滿了未回覆的信，一度能為我們帶來快樂的東西也變得索然無味，如夫妻間的性生活、友誼、成就感，或者去鄉村度假等。那些看起來非常明朗、快樂的人似乎都離我們非常遙遠，而且顯得幼稚，甚至奸詐。

這時我們可感覺到一切行為都慢了下來，語言無味，反應遲鈍，任何事情都不值得努力，只想遠離它們。

其實你早已罷手不幹了，因為抑鬱的本質就是沒有朝氣、壓抑自己。因為你認為自己的努力只是白費力氣，所以你愈壓抑自己，就愈相信自己的付出是徒勞無功。「退縮」是抑鬱患者最大的特徵。除了身體機能有毛病的個案外，長期的抑鬱均是由日常行為造成的。

治療抑鬱的方法與改掉習慣一樣，因為抑鬱是經由習慣養成的，只要不做某個習慣做的事，就能改掉這個習慣。同樣的，消除抑鬱心理的方法，就是不要克制自己的活動，而是刻意去找事情做。

抑鬱患者常愛問：「為什麼要做那些事呢？」每次你有了麻煩而自問這個問題時，

可以這樣想：「事情一定會有轉機，有些理想是值得我們去追尋的，那件事值得我們去努力。」如果你放棄不做，容易變得悲觀、不開朗（尤其是不再去做對你很重要的事時）。假設你考試考得很差，不再做任何努力，你很快就會陷入灰暗的心境，那就是抑鬱的症狀。不再前進，不再發展潛能，最後就絕望了。

不要預先肯定自己無法改變抑鬱心理，要是你這樣想，就眞的改不了。事實上，抑鬱症患者自己就能治癒自己。因爲抑鬱是種習慣，而習慣是可以改掉的。

我們先來看三種不同的抑鬱心理。

第一種是「瞬間產生的抑鬱」。以前事情似乎都正常，但突然間卻有了變化。例如你說話時不小心得罪客戶，對自己失望極了，以爲這件事情再也沒有商量的餘地。

又如，你與朋友發生爭執，想像他再也不理你了，雖然你以前也曾跟他吵得更厲害，但總覺得這次再也無法挽救了。於是你對每件事都覺得絕望，抑鬱也就開始了。

第二種是「反應某件事的抑鬱」，亦即你對生活中某種嚴重的打擊顯現出的長期反應。你會覺得發生不幸以前的生命是那麼美好，但從今以後再也令你快樂不起來了。

我們也可以把這種抑鬱稱爲「帶有創傷的抑鬱」，因爲其來自某個改變我們規律生活的不幸事件。

第三種是「周期性的抑鬱」，亦即抑鬱的情緒會在某個時期出現，然後又消失。有時你還可以看出它的規則性例如它總是在耶誕節時、過年或每逢生日時出現；對某些女人來說，她們的生理周期會特別明顯，有些人則在某個季節會有抑鬱的情緒，但也有人根本無法預期它什麼時候會來。

下面將分別列舉不同的方法克服前面提到的三種抑鬱心理，然後再歸納成一套策略來對付你自己造成的抑鬱。

患有「瞬間產生抑鬱」心理的人，首先反問自己，那件使自己消沈的事到底發生多久了？即使是只有兩小時，你還是會容易陷於抑鬱之中。只要瞭解這個事實，下次再遇到這類問題時，就不會再做會令你陷入抑鬱心境的事情。因爲幾乎所有非生理機能造成的長期抑鬱都因不斷地做某些事而引起。

第二個對付「瞬間產生的抑鬱」的方法是，記下最後五次事情發生的情形，看看它們有何相同之處。例如，你說了什麼、做了什麼，或是別人做了什麼的那些事件對你有何不幸的影響？掌握你對突來的禍害採取何種反應，那麼以後類似的事件再發生時，你就知道該怎麼去應付了。

同時要注意你周圍有抑鬱症的人，注意你對他們的態度如何。如果你喜歡他們，自然就能知道他們的想法，但千萬不要與他們過分親暱。

你要告訴這些人，說他們只看到事情不樂觀的一面，至少你在內心裡對他們要存有這種想法，認清他們對事情只下可悲的結論，這樣你才能看到事情的另一面。如果對方是你深愛的人，你要勸告他爲了自己的幸福，也爲了你的幸福，應該走出抑鬱的心境。你甚至可以要求對方別總是提那些令人厭煩的事，或是說無聊的笑話。

克服第二種「帶有創傷的抑鬱」的方法，就是不要背棄悲傷事件發生前的整個生活方式。這裡有個例子，小賀自從太太死後，便不再參加他以前喜歡的各種活動，不跟老朋友會面，不去從前經常去的地方，也不理會各種社交應酬，而且經常不修邊幅，說話有氣無力，根本不在乎別人聽不聽得到，更認爲自己的話已無關緊要了。他之所以會有這些舉止，無非是認爲世上沒什麼事値得他在乎。有了這種想法，他的行爲變得愈來愈消極。

深陷於帶有「創傷的抑鬱」的人應該自問：「我目前的行爲是否出自於爲了要對過去忠誠？」在你強迫自己去做新奇而感到愉快的事時，或許你會想到那些事似乎不該做，會對往事不忠。就像小賀強烈地認爲既然太太死了，他就不能再享受快樂的生活，他一方面想要再加入自己喜歡的活動，但又因其太太的死亡而猶豫不前。

如果你跟他的想法一樣，那麼就問問自己這種想法是否合理，別人是否希望你過那樣的生活嗎？如果小賀的太太知道他變得如此頹廢，她會作何感想？埋葬活人的生活並不算對死者表示尊敬。或許你會說他是基於內心的不安，但要先知道兩件事情，如果他的行爲是爲了避免不安，對誰都沒有好處（對死者又有何補償），而一再地基於那種動機表現出的行爲更會令你一輩子都有罪惡感。

造成創傷性的抑鬱還有其他原因。例如，你會自問：「我的行爲是否合乎我的基本道德信條？」如你明知某種產品有害，卻故意裝做不知道將它賣出，一旦東西賣出後，你只要想到這件事，內心便開始衝突，開始產生抑鬱感，認爲或許該賣別的東西。

要避免「周期性的抑鬱」，就要認清抑鬱來臨前的症狀，並提早做準備。先弄清楚你到底什麼時候會陷入這種情緒（最好在日曆上標明），這樣一來，即使你的抑鬱是包含生理因素，也會因爲你事先知道它大概在何時會出現，而採取必要且正確的措施，防止抑鬱擴散、加深。

有個人就發現大約在抑鬱發作的前一天，他就無法控制時間，常常會呆坐而無法專心工作，於是他就利用這些症狀警告自己不要因此而退避人群、取消約會或放棄發表意見的機會等，並強迫自己隔天仍照常工作。由於他能看清那些有警告作用的早期徵兆，才能大幅減少抑鬱帶來的困擾。

陷入抑鬱時，不妨記下只有在情緒低潮時才做的事，即使是小事也要列入行程表中。例如，你不與人打招呼，不參加宴會，整天沈迷於小說，無心工作，甚至於整天都蓬頭垢面。這些雖然都是微不足道的行爲，但並非沒有害處，因爲一個人退縮而不奮進，就會陷入所謂的抑鬱之中。

如果周期性的抑鬱發生在某個特殊的節日時，就先弄清楚你對那個節日的聯想，是否這個節日使你想起了多年前盛大的宴會，而今你卻孤孤單單，所以每當這個日子要來臨時，你就不禁產生孤寂感。

一般人在此種情況下通常會採取寧可獨處，不願參加慶祝節日的宴會的方式，但是這樣反而會更覺得寂寞。所以，有周期性抑鬱的人應該認清早期的徵兆，或算出哪一天會發生，然後專注於後來所做的一切活動，才能減輕抑鬱的心情。

下列十二種方法可以克服各種抑鬱，對於想避免再次陷入抑鬱中，或是已陷入而想跳脫者，都極其有效。以這種方式生活，將使你變得樂觀、朝氣蓬勃，並充滿信心。

(1)盡量過規律的生活

準時出席約會，有信件就要回覆，收支平衡，三餐正常，不管是否有睡意，最好在固定時間上床。生活盡量簡化，盡量完全發揮你的能力，盡力做好每件事，這樣你才會有成就感，才會更相信自己有足夠的能力。

(2)時時注意儀表

盡量讓自己外表看來整潔，穿漂亮的衣服，把房間打掃乾淨。雖然這些看來微不足道，卻能表現出一個人對重要的事情是關心或毫不在乎。因爲在心情抑鬱時，會覺得自己無能力料理自己的事務，或無法發揮最大的能力。所以，只要經濟許可，不妨買幾件喜歡的衣服來穿，外表美觀會讓你覺得有一些事情是值得你關心的。

(3)抑鬱時，別放棄自己要做的事

如果你現在覺得悶悶不樂，不想上學或罷手不再嘗試寫作。記住，千萬要強迫自己持之以恆。

不要壓抑強烈的情緒，尤其是憤怒時更要發洩出來。例如，你爲了請你的朋友來家裡聚餐，花了好長時間買菜、做飯，結果到最後一分鐘，他才告訴你不能來，這時你就要把心中的惱怒向他說出，別不好意思說「沒什麼關係」。讓自己忍受別人對你的苛待，會令你覺得你是該受到這種待遇，那麼以後你就眞的會經常遇到這種情況。

(4)不要壓抑別人強烈的情緒

有兩個朋友在吵架，你別去勸阻。當你聽到有人對你的朋友或對你的長輩怒罵而令你頗覺不安時，要去保護被罵的一方，而不是使他們變得像你一樣的平靜，你必須使自己有強烈的感覺，並能憑感覺去行事。

每天學習新的知識，不斷地充實自己，讓自己覺得未來還有許多事要學，以及生命中最美好的事並未了結。

(5)接受一切你可能做得到的挑戰

老實地自問哪些是你能做的，哪些是你做不來的。即使別人會原諒你，但如果你認爲只要努力去嘗試便能做得好的事，就應該接受，不要逃避。

(6)在特定的時間內停止抱怨

先試一天，再試一星期。停止發牢騷之後，你就會發現抱怨是使人感到消沈的重要因素，因爲只抱怨而不做事，反而會覺得生活裡再也沒什麼事好做。

(7)即使是小事，對待別人也要講道義

抑鬱的人經常認爲自己如何對待別人無關緊要，所以當別人給予幫助時，會忘了道謝，卻仍期盼得到特殊的待遇。那些行爲使他脫離了人際間「供需」的正常交易行爲，也讓人變得更加消沈。

(8)以不同的方式對待不同的人

抑鬱的人經常從一開始就以相同的態度對待每個人，覺得沒有任何人或任何事情值得重視。因此，下次要是有朋友誠心誠意地打電話給你，你要是有好消息也要告訴他；或是一反以前的行爲，把你的快樂與你眞正喜歡的人分享。如果你對自己的朋友有所回報，你也會相信友誼的確是可以增進的。

如果你喜歡小動物，那就去養一隻，好好照顧它。不管是養貓、養狗或其他小動物，它們都曾爲千千萬萬的人肯定其生活的意義。

不要拿自己的生活與別人相比。不管別人過得多好都無所謂，你的感覺如何才是最重要的。喜歡拿自己與別人做比較的人通常表示已陷入抑鬱之境。

(9)不要老覺得別人比你好，否則容易更消沈

避免與周遭不如自己的人比較，例如工作、財富、婚姻，這樣容易使你滿足現狀，不想再求發展，而求發展才是唯一克服抑鬱的好方法。

(10)實現自己的願望

如果你發現自己有個小小的慾望，如想找份兼差、想參加合唱團或去旅行，趕快告訴別人，然後計畫行事，讓自己投身到某件事情中。

注意生命中美好的時光尤其是不期而來的片刻。例如，你與一位老友不期而遇，與他共度短短幾分鐘快樂時光。想想你爲什麼喜歡跟他見面？你還能遇到他嗎？要盡量去享受每個你能想到的快樂！

嘗試以前從沒做過的事。例如，勉強自己與以前根本不曾說過話的人交談。

(11)試著與充滿精力及希望的人在一起

不要再犯抑鬱時常犯的錯誤，把自己藏在跟你一樣消沈的人群中。要盡可能去接觸那些生氣蓬勃的人。

當然，剛開始時會有點難，在你抑鬱時，你可能會覺得那些人太難接近了，甚至覺得他們不夠安靜，他們忙著發表意見，大談未來，不但看見別人的缺點，也發現到別人的好處，替自己發掘各種各樣的興趣等。雖然他們的充沛精力常令你難堪，但與他們交談確實較有挑戰性，也比較有趣，所以只要他們願意和你在一起時，無論如何不要退避。而且你會更易看出抑鬱的行爲害處有多大，因爲他們都這麼積極，一點也不會受你抑鬱心情的影響。

(12)把握令你興奮的稍縱即逝時刻

避免做一再重複的事，尋找能令你充滿熱情及新鮮感的活動或經驗。不要老是說相同的笑話或故事，那是毫無意義的。

以上是如何克服抑鬱的十二種方法。如果你的抑鬱是因一件不幸的事而引起的，例如失業或被迫退休，那麼應該怎麼辦？碰到這種情形時，以上的方法會對你有所幫助。最重要的是，自己千萬不要放棄一切努力、希望。如果你還不到退休年齡，可以再繼續找新的工作，不要爲了羞愧而逃避老朋友，或不再到以前常去的地方。總之，不要畏縮，不要隱藏自己。如果發現在你的行業之內找不到工作時（一定要確定是絕對找不到，因爲只要你稍微感覺到自己是想罷手不幹了，那麼你整個人馬上就會有這種想法），再向其他方面進展，內心一定要常存著希望才行。

我們再來看看那些自認爲有絕對的理由抑鬱的人應該怎麼辦。醫生的診斷或許對你造成很大的打擊，但是這反而是個轉機。許多人雖然知道來日不多，卻活得更加積極、充實。被宣判的剎那，他們也曾抑鬱、消沈過，但立刻又振作起來。只要你仔細去研究他們，就會知道關鍵在於他們的行爲。他們不是繼續做以前所做的事情，就是試著去實現夢寐以求的理想。如果你聽完醫生的宣判就悲傷欲絕，改變以往的生活形態，那麼你的人生眞的就絕望了。

希望永遠不會背棄我們，除非自己不再抱有希望。

因此，我們在勸導某個痛苦的人「凡事不要看得太嚴重」前，先停下來想一想，如果他是在做某事，那麼你這句話是說對了。但是，如果因此反而使他把事情看淡，從而放棄一切努力，就只會會造成反效果。

有本小說描述某位年輕人因意外導致下肢癱瘓，終生得坐輪椅。有一天，這位年輕人問僕人：「你認爲我還有前途嗎？」僕人回答：「作爲一個撐竿跳運動員，你當然沒前途，但當其他人倒是有。」

第三章
改變是生存的策略

李來是個天生的運動員，在一次騰空做跳躍姿勢時摔傷，之後只能靠輪椅活動。雖然意外發生後，他再也沒有把心思放在其他方面，平常有人跟他談話時，他也總是整個人陷在輪椅裡，低頭不語，眼睛只盯著膝蓋或地板，但他的父母知道他學生時代對數學極感興趣。有一天，有人問他一個數學問題，問題很簡單，答案馬上就能解出，但這個人卻解釋了大半天才說出答案，這時李來突然低聲簡短地解析了這個問題。

接著，他的反應愈來愈熱烈，提高音量，說話的速度更從容。最後，他不但回答完所有的問題，整個人似乎也發生了變化。他的眼光露出奇異的光芒，抬頭挺胸，說話時眼睛注視著對方。這是他受傷後第一次有這種態度，他的眼光變得極爲專注。不管意外對他的腿造成什麼影響，但意外並沒有傷到他的腦袋。

兩天後，李來開始做受傷八個月以來的第一件積極的事情——閱讀大學時用的統計學方面的教科書。他終於找到自己該走的路。他的情況說明了一項重要事實，人在生活中都必有其「工作」要做，就廣義而言我們可以自問還有沒有我們能做的事。就李來而言，他終生的目標突然改變，如果他就此認爲自己無望參加奧運而終日無所事事，就註定要一生消沈。任何人無論做了什麼樣的抉擇，只要相信自己有能力做到，就會產生無比的自信，也就會相信自己生命的價值。

改變因工作變動而出現的「恐慌」心境

工作變動，是一個帶有強烈心理體驗的生活事件，許多人因此而產生心理困擾。因為工作變動會牽涉到人際關係、家庭影響、自尊心受挫、嫉妒心強烈、新環境適應等，與心理有密切關係的問題。有時這些問題會同時出現，有時是單獨出現。由於以上種種原因可能會造成一些神經症狀，所以有人將其稱之為工作變換神經症。當有急劇地位變化或工作場所變動時，就會造成內心的鬱結，引起不滿的心理狀態，同時也因為不安和恐懼，形成神經症狀。

羅傑斯爾，三十四歲，在一家大公司任職，已經做到部門經理特助的職位。有一天，總經理突然叫他到辦公室，宣布調他到異地分公司任職，而且這件事情發生之前毫無跡象可尋。總經理對他說：「如果不是因爲你有足夠的能力，我們不會派你過去，希望從今以後那邊的工作效率能因你而提高，爲總公司多創一些效益。」羅傑斯爾聽完這席如同宣判死刑的話之後，心想：「我這裡的工作剛剛有了起色，也建立了一點自信心，與上級主管及同事之間也相處得不錯，現在卻突然被調動職位，是否我在工作上出了差錯？或者是我不知不覺做了令上司厭惡的事，還是有人在背後告狀？現在要我離開妻兒，在異地待三年，家庭關係能否保持原狀……」他越想越多，越想越怕，心裡充滿了疑慮。但是，拒絕調動又會有什麼後果呢？說不定會被調到更遠的地方，甚至因此被「炒魷魚」，公司最近大幅裁員……因爲這個問題，羅傑斯爾茶不思、飯不想，一下子憔悴許多，苦惱至極。

當然，不是說所有人都會因爲工作變動而產生神經症狀。會陷入這種狀態的職員，許多都是全心全意想成功或升官的人。他們自信心過剩，自我誇耀的慾望也特別強，而且對工作調動存有恐懼心理。這種困擾，在三個時期的職員身上各有不同的反應。

第一期，剛進公司的年輕職員。他們尙不知這家公司是否適合自己，還處在摸索階

段，各方面的流程、業務還不熟悉，這時突然來了一道人事調動命令，在本來就不安全的心理上，又增加了恐懼因素。就像晴空之下，突然來了一陣暴風雨一樣，慌亂得不知所措。不但迷失了自己對職業的適應能力，而且還被強烈的挫折感擊倒。

第二期，剛想在工作上努力尋求表現的職員。當他們對於工作已經存有夢想和期待時，意想不到的人事調動，一方面讓他們有「不該如此」的挫折感；另一方面也會啓發他們的責任感，產生「想試我的能力，我就大顯身手，讓你們看看我的實力」的心理，以承擔重任。

第三期，接近退休年齡的職員。他們一般會把原來的工作崗位認爲是自己人生最好的舞臺，期望能有一個最好的收場。而這時的工作變動會使他們對前途感到不安，自尊心受到傷害。

對於領薪水的人而言，不論他屬於哪一個時期，調職或減薪，都會產生不服和不滿。如果經過判斷，證明新工作確實不適合自己，爲了顧全自己的前途，當然可以提出申請調職，或者採取不得已的措施。但是，在提出任何申請之前，應該先檢討一下，到底自己的個性、能力，適合從事何種職業、哪一類型的工作。而且應該在日常工作範圍中，試著導入新工作的構想。如此，即使是在乏味的工作中，也能逐漸培養適應的能力。而且，參與一項工作時，對於自己被託付的工作，不要被動，而要積極、有衝勁地去做，這才是所謂的敬業精神。

對於羅傑斯爾而言，他是因爲突如其來的變故失去應有的理智和正常的判斷。諮詢者應該首先幫他澄清這件事情的前因後果，幫他分析上級做出此決定的意圖。其次，要和當事人一起分析異地工作的種種利弊，幫助他權衡考慮。當然，最終的判斷和決定，是羅傑斯爾自己的事，諮詢者無法越權。

心態
成功的人
就是和你不一樣

第四章

成功、快樂的「處方」

一、要正確地想

對照別人，啟發自己

已經適應了公司的文化，對工作也能達到某種程度的熟練時，就不能只看公司的內部，對外界也要積極地探索，才能有遠大的眼光來看世界。

一流的業務人員，除了公司以外，平常也很注意外面的世界，且有相應程度的接觸。因而即使自己周圍的環境發生變化，也有足夠的判斷和應付能力。所以當你進入一個企業後，應先瞭解公司內部的情況，然後再把眼光放遠，吸收更豐富的知識。

一般人總是在熟悉自己的工作內容後，就安逸地做組織內的一份子，並且一直停留在這種狀況。因此，在不知不覺中就變得墨守成規，毫無活力這就是退步的開始。如果對公司外的事物有接觸，多少會受到一些新的刺激，可以激勵自己，不致成爲毫無活力、懶散的人。所以，與外界接觸無疑是產生活力的泉源。多參加一些外界舉辦的研討會，也可創造一個自我突破的機會。

參與外界舉辦的研討活動，可以接觸到許多新的東西，其性質和公司裡的東西大不相同。公司舉辦的研習會，雖然也能夠滿足部分的向上意念，收到一些效果，可是由於涉及面、水準等方面的限制，很難長久地維持下去。

據調查，公司內部的研習會，常被同事們的連帶關係意識所左右，最初雖然也可以坦誠地交換意見，但日子一久，公司內部上下組織的性質具有關聯性，構想就容易導向同一個方面，單一趨勢很明顯，還往往有口是心非的情況發生。

但是，若為了某個共同的問題，讓其他公司，甚至不同行業中的人聚集在一起，舉辦一項研討會，共同探索，那麼所獲得的知識則會完全改變，這個研討會將充滿魅力，也可結交一些新朋友。

凡是積極參加研習會的人，多半具有力求上進的決心，並期待受到啓發。和這類人接觸，一定會產生不同的感受。在這種機會裡，往往可以發覺他人獨特的優秀個性，使你不由得想模仿學習。在這方面得到的刺激越強烈，對自己的啓發與磨練就越大。為了想迎頭趕上，自己就會更加努力。這就是我們所指的從橫向著手，穿越縱向組織這種手段所產生的效果。

換言之，通過橫向的聯繫，加強與其他單位人員的接觸，有利於自我啓發的機會。如果單獨一人孤軍奮戰，就不清楚自己在某階段的進步幅度。但與外界人員接觸，就可以藉著互相比較，發現別人的長處，瞭解自己的弱點，掌握自己的進步程度。因此，當你尋得有才能的朋友時，無形中就獲得了一種刺激，它鞭策、啓發著自己，這就是強化自身的最佳方法。因此，能夠獲得自我啓發機會的場所，除了公司舉辦的研習會之外，其他性質的研習會也是最理想的場所。

目前舉辦培訓班或研討會的單位很多，礙於時間、能力及腦容量等各種條件的限制，無論哪種集會，我們都只能從中學到一種或兩種知識技術。事前要瞭解各種集會的性質、重點，然後再慎重選擇要參加的研習會。人如其面各不相同，當然個性也不一樣，而每一種集會也都有其自身的特色。若能參加各種集會，自然能與各種個性的人接觸，以啓發激勵自己。

年輕時絕對不可以故步自封，應多參加集會，這樣才能強化自己的判斷力，對知識的吸收能力、性格的改變能力及工作組織能力都有幫助作用。

總之，如果體力與時間都允許，就要多參加一些培訓班或研討會之類的活動，不但可以讓自己的時間發揮最大的功用，亦能逐漸增強對事物的判斷能力。也許有時這種主動參與和努力，會讓你產生挫折感，不過，在挫折和成功的雙重體驗中，才更容易進步。

當然，在尋找適合自己參與的活動時，要先確立自己的目標。若漫無目地的參加，只會缺少對該活動的熱情，彷彿只是爲了集會而集會，這樣非但對自己毫無益處，也辜負了舉辦者的用心。

因此，任何積極的行動都必須有一定的目標配合。只有這樣，對方才能察覺你的熱忱與決心。然而，有時我們也應適度地學習一些與自己工作有關的技巧，或尋找一些有關生活方面的藝術，多方充實自己。

另外，我們也可以從主辦單位那裡獲得一些實際籌辦活動的技巧，例如選擇活動的內容規畫、會議氣氛的掌握或讓大家對會議的結論感到滿意等。想要做到這種完美的結果，需要事前縝密的計畫，這也要依靠與會人員的共同努力和辛勞，才能換得這種成績。同樣的，公司的會議若想達到令人滿意的結果，也須有這種付出。總之，從活動中能夠吸收到的知識是極多的，問題的關鍵在於自身。

只要我們認眞地學習和努力，總有一天可以把那些非常優秀的人的知識精華全部吸收過來。等到完成目標，就可以計畫再向橫向跨出一步。因爲這時自我啓發的訓練已經有了相當的成果，若維持現狀不再前進，恐怕會產生墨守成規的弊端，所以必須再次尋找新的物件向前邁進。

立體觀察，多方思考

根據蜻蜓眼睛的調查報告，可以發現一些值得注意和深思的現象——若想要活躍於廣闊的社會，也應具有如蜻蜓眼睛般特殊的機能。蜻蜓的眼睛由許多特殊構造的小眼睛集合成蜂巢狀，又稱爲複眼。除了複眼以外，還有小型的單純眼睛，稱爲單眼。蜻蜓的單眼共有三個。蜻蜓就是利用這些複雜的單眼和複眼，將事物觀察得很全面、清晰。

簡單地說，蜻蜓頭部大部分由眼睛所構成，而組合成複眼的小眼睛數量，據統計是昆蟲類中最多的，約有一萬到二・八萬個。蜻蜓對六公尺前的東西看得很清楚，尤其對正在運動的東西，如飛行的小昆蟲，縱使在二十公尺，它也能看得到，而急速飛過去捕食。這在一般昆蟲中卻是極難達到的。

而人的眼睛呢？如果人的視點已經固定，就只能看到眼前的物像，且必須將焦點凝聚在一個中心點上。在移動身體和頭部時，還要不斷變換焦距，否則縱使像蜻蜓般將眼球轉動，但沒有其他的知覺、身體等的協助，仍無法掌握物像、資訊。人的最大優勢在於有近乎完美的頭腦和完善的身體結構及發達的四肢。

那麼，如何使人的一雙眼睛發揮出多雙眼睛的效能呢？這時，就要把握蜻蜓眼睛的整體機能狀況。

想培養出像蜻蜓一樣多雙眼睛，就需要多方面的知識，橫縱交叉，分階段逐步完成。如果只是部分地努力和嘗試，只會發展出不能平衡的眼睛，造成視覺偏差或視覺中的死角，使觀察失誤。所以，複眼思考要以人格的均衡爲基礎。若不均衡，不從整體出發，只偏重一個部分，是無法培養出一雙好眼睛。

我們可假設一位具體的蜻蜓型人物，對他做一番深入的分析，如果身邊就有適當的人選，更具實在性；如果沒有，也可通過假設進行推斷。任何事物都有普遍性和特殊性，即使是特殊事物，也具有一定的共通性。凡蜻蜓式人物，他也必定具有普遍的共通性，只有瞭解到這一點，就能對蜻蜓式人物有初步的認識。

要成爲蜻蜓式人物，就需要認識其共通性，並朝著這個方面努力。如此，我們就會產生本來不具備的蜻蜓式人物的特質，維持全體的平衡協調性，同時從容地應對工作和人生了。

將對人與社會的動態觀察得更清楚、更詳細，對自己有更客觀的瞭解和認識，進而對將來有更從容的安排和設計，這就是所謂的立體觀察。複眼思考也是最佳的思考方式。

第四章
成功、快樂的「處方」

在這裡，介紹一位被認為是典範蜻蜓式人物原田武生（日本川崎重工業輸出船營業部長），他的複眼思考和行動能夠抓住海運大人物的心理，值得借鑑。

如歐納西斯一般的海運大人物，在當時就已發展成在海上叱吒風雲、舉足輕重的大人物也有。但一般說來，海運市場的行情波動極其激烈，危機與興盛幾乎同時降臨，令人難以捉摸。海運行情不景氣時，造船廠工人失業，海運股市暴跌，船價就會跟著下降，可以在此時以低價訂船。等船造成時，海運費上漲，就能趁機大撈一筆。雖然這種做法可以牟取暴利，但相對的穩定性卻極差。這種投機性濃厚的事業，除了需要勇氣和冒險精神，資金甚至政治後臺更是必要。

一般而言，造一艘船需要兩、三年，對這兩、三年間的世界經濟變化狀況和海運未來的預測就很重要，可能還是掌握成敗的關鍵。因此，需要具備極強的政治經濟頭腦、判斷力、洞察力，乃至鐵腕手段。由於原田氏所從事的工作和世界經濟景氣變動很有關係，所以他平時就很重視有關國內外的政治、經濟、社會等各方面的情報資訊及動態。

除了保持多方面的警覺性之外，還要綜合各部門情報，預測經濟方面的未來行情，也要把握對切身利益敏感的海運大人物的思想和觀念。要應付這諸多方面，確實要有高超的能力，要對廣泛的事物都能以縝密的思考來衡量，並收集可靠的情報，這樣才能使業務成功，使公司船業避免陷入困境。而原田氏在這方面確實應付有方，這就是令人佩服的地方。

他和船業公司老闆們來往時，不以爭取業務和擴大服務爲主，而是重視對方的想法和需求。若自己的企業無法應付，往往就超越企業工作範圍來和對方協商。在這種頻繁複雜的交易中，日積月累，自然就能找出適合自己要走的道路。

在和國外客戶的交易，他總是將企業可以處理和不能處理的事情分得很清楚。若無法處理，就和老闆們商量，另求他法。如果是價格的問題，他也不輕易推掉或撒手不管，而是讓其他公司來做。除了爲企業做事外，有時還幫助其他公司，不論他這樣做是出民族意識，或是爲了開拓人際關係，這種做法客觀上起到了積極作用。

當然，他不是只演獨角戲，而是扮演劇中重要的核心人物，同時注意提拔新人。他的這種作風即使在對外貿易上，始終處在主動的地位，掌握著談判的主導權，對競爭對手應付自如，樹立良好的信譽和權威，為自己的企業開創了極有利的競爭環境。

挪威的福勒特俄爾生是擁有多個跨國公司的著名老闆。他很敬佩日本的原田武生，認為他是位不可多得的人才，因而將自己還在念高中的獨子送到原田武生家住了好幾個月，目的是讓其子在潛移默化中學習原田武生生活、工作、學習等方面的方式。在挪威，將自己的子女送到歐美的名校或家庭去學習，本來是件司空見慣的事，但這位大老闆偏偏將兒子送到日本，而且是在領月薪的原田武生家吃住，足見這是經過深思熟慮後，付出極大勇氣才決定的。

可以想像得到，那位挪威大老闆一定對原田武生的優秀辦事能力非常欣賞，並且希望從中補償自己的不足，所以他就從全面的角度培養自己的後代。

二、一步一腳印

每天都找一個小希望

在這個世界上，有許多事情是我們難以預料的。我們不能控制際遇，卻可以掌握自己；我們無法預知未來，卻可以把握現在；我們不知道生命的長度，卻可以安排眼前的生活；我們左右不了變化無常的天氣，卻可以調整自己的心情。只要活著，就有希望，只要每天給自己一個希望，人生就一定不會失色。

有位醫生以醫術高明享譽醫界，事業蒸蒸日上。不幸的是，就在某一天，他被診斷罹患癌症。這對他不啻當頭棒喝。他曾一度情緒低落，最後他不但接受了這個事實，而且心態也爲之一變，變得更寬容、謙和，而且更懂得珍惜所擁有的一切。

在勤奮工作之餘，他沒有放棄與病魔搏鬥。就這樣，他平安度過了好幾個年頭。有人驚訝於他的事蹟，就問他是什麼神奇的力量支撐著他。這位醫生笑盈盈地答道：「是希望。幾乎每天早晨，我都給自己一個希望，希望我能多救一個病人，希望我的笑容能溫暖每個人。」這位醫生不但醫術高明，做人的境界也很高。

每天給自己一個希望，就是給自己一個目標，給自己一點信心。希望是什麼？是引爆生命潛能的導火線，是激發生命激情的催化劑。每天給自己一個希望，我們將活得生機勃勃，激昂澎湃，哪裡還有時間去嘆息、去悲哀，將生命浪費在一些無聊的小事上？生命是有限的，但希望是無限的，只要我們不忘每天給自己一個希望，就一定能夠擁有豐富多彩的人生。

第四章 成功、快樂的「處方」

真誠關心弱勢者

在今天這個「體面」流行的社會，大部分人都十分在乎自己的身分和地位，不屑與那些和自己身分不相配的人來往，也不會主動關心比自己「弱」的人，尤其是那些自認爲有一定地位的「成功」者，他們就更不會眼光向下看，與那些非主流、非精英的人有所瓜葛。這種人把自己看做「精英人物」，殊不知，最終他們卻未必能成爲眞正成功的人。

就某種角度而言，精英指的是「人上之人」。在一般人眼中，經過激烈爭鬥之後還能在社會上叱吒風雲的人就是精英；對於中外企業的員工而言，能夠進入一流企業工作的人就是精英。

然而，人在意識到自己的精英地位時，就容易忘記弱勢者的存在。當一個人爲了保護自己的地位和既得利益而不惜犧牲弱者時，就表示他開始墮落了。換個方式說，當精英意識浮現時，人就開始變得卑劣。

因此，自己是不是精英並不重要，就廣義而言，精英到處都有；說難聽一點，對貧窮的人而言，有好工作的人個個都是精英。如果因此自認自己高高在上，而不再關心弱者、窮人，這樣的人就只能算是一些卑劣的精英分子。

「墮落」的精英也一樣，當一個人不再關心弱者的時候，他也只不過是個眼高於頂的庸俗之人。

第四章
成功、快樂的「處方」

人應當力爭上游，不只是精英，只要是人都應該力爭上游。每個人或多或少都希望能夠揚名立萬，或者得到他人的認同。當一個人的眼光只朝上看的時候，就會忽略周圍的弱者；當一個人不關心其他群體和弱者，只一味地追求自我的成就時，價值觀就會變得狹隘。

當一個人不再關心弱者、不再體諒不同立場的人的時候，他心中所做的一切決斷，就會流於以自我爲中心，開始偏袒自己，或者以自己追求的目標爲中心，把上司和組織的態度當成自己的絕對指標。

然後又會如何呢？

接著就會開始顚倒是非。換言之，爲了自身的利益，可以不擇手段，而且做的事即使是錯的，也要把它說成對的，因爲這一切都是爲了至高無上的「我」的利益。這麼一來就會失去分辨是非的能力。

如果自己的上司說的話全是對的，那麼其他不同的意見就變成錯的。你可別覺得奇怪，事實上眞的有人明知上司是錯的，也不敢加以指正，因爲上司的好惡足以影響他的

升遷與前途。

反過來說，凡是自己討厭的人，他的意見一定是錯的，不管他的意見是多麼合情合理也沒用，反正不認同這個人，就絕不能認同他的意見。

當然，人都免不了會感情用事，有些人看到平日與自己往來的同事在公司會議上提出極好的意見，就會在雞蛋裡挑骨頭，非把對方駁倒不可。像這樣完全以個人的立場與利益來考慮問題，就很容易失去客觀性，也會跟著失去分辨是非的能力。

這樣的人在周圍人的眼中是冷酷、自私自利的，一切的考慮都是爲了保護自己的利益。這種人的心中完全沒有是非準則，自然不受歡迎。

那麼，受歡迎的人又是如何呢？

這樣的人並不會拘泥於立場的不同，對就是對、錯就是錯即使是弱者發出的聲音他也一樣關心，不會因爲一己之私而做出錯誤決斷。

關心弱者的人，必定是公正無私、心底開闊的人，他知道弱者有弱者的長處；他還知道，當一個人能夠關心弱者時，別人必然會更加信任、擁戴他。

在這種人眼中，那些精英並非精英，他們只不過是一些心胸狹窄、目光短淺而自以自是的人。

實際上，眞正出色的人都不該被精英們的短淺意識所拘束，因爲不管是不是精英分子，人的生活層面和眼界都必須放開。以喝酒爲例，只要能喝得開心，管它是不是陳年好酒、用什麼杯子裝，根本不重要。只要一個人敢於放下架子和地位，才能獲得眞正的快樂。

因此，別忘了關心周圍的弱者。只要體會弱者的立場，瞭解弱者並非「犧牲品」，並且能適時地體諒、支援弱者就行了。

這些人毫不做作的溫情，而且願意和別人共享，周圍的人自然信服並歡迎他。

一個眞正懂得關心弱者的人，他的關心是出自道義和慷慨，而不是希望得到回報。然而，不管他抱著怎樣的心理關心別人，遲早會有回報，當然不一定是現在，而可能是在遙遠的將來；不一定是眞正看得見的，而可能是某種令人預料不到的方式；不一定是受到你幫助的那個人，而可能是別的人或事。

下面的故事，是一位外國著名流行音樂主持人的親身經歷。由他自己親口道來，就有一種打動人心的力量。

「二十年前那個雨雪紛飛、北風凜冽的季節，剛剛中學畢業的我，帶著對音樂的狂熱，隻身來到納什維爾，希望成為一名流行音樂節目主持人。

我四處碰壁。一個月下來，身上的錢也差不多快用光了。幸好一位在超級市場工作的朋友，用那些準備扔掉的過期食品偷偷接濟我，我才勉強度日。最後，我只剩下一美元，卻怎麼也捨不得花掉，因為上面有我喜愛的歌手的親筆簽名。

某天早晨，我在停車場留意到一名男子坐在一輛破舊的汽車裡。一連兩天，汽車都停在原地，而那名男子每次看到我都溫和地向我揮揮手。我心裡納悶，這麼大的風雪，他待在那兒幹嘛？

第三天早晨，當我走近那輛汽車時，那名男子把車窗搖下來。我停住腳步，和他攀談起來。交談中，我瞭解到，他是到這裡應徵的，但因早到了三天，所以無法立即工作。口袋裡又沒錢，只好待在車裡不吃不喝。

他猶豫片刻，然後紅著臉問我是否可以借他一美元買食物，日後再還我。但我也是自身難保。我向他解釋了我的困境，因不忍看到他失望的表情而轉身離去。

就在這時，我想起口袋裡的一美元。思考一會兒，我終於下定決心。走到車前，把錢遞給他。他的兩眼頓時亮了起來，他說：『有人在上面寫滿了字。』他沒有留意到那全是親筆簽名。

那一天，我盡量不去想這珍貴的一美元。沒想到，時來運轉，就在第二天，一家電臺通知我去錄節目，薪水五百美元。從那以後，我一炮而紅，成為正式節目主持人，再不用為生活發愁。

後來，我再沒見過那輛汽車和那名男子。有時候，我在想他到底是乞丐，還是上天派來的使者。但有一點是清楚的，這是我人生碰到的一次重要的考試我通過了。」

實際上，一個人在一生中可能常常會碰上這樣的考試。問題是，當這樣不起眼的事出現在眞實的生活中時，有多少人能通過這樣的考試呢？那些眼光總是高高向上、對弱者唯恐避之不及的人也許很難意識到，當你拒絕幫助弱者時，也失去了更加寶貴的東西

那種真正可以征服他人，贏得尊敬和信任以及支援的崇高品格。

每天必做讀書和思考兩件事

書籍是一種工具，它能照亮黑暗的日子，它能鼓勵你，使你大膽地走入一個別開生面的境界。當我們研究成功者的事業時經常發現，他們的成功可以追溯到當初拿起書籍自我修養的那一天。我們絕不能低估書籍的價值。

斯太菲克在美國伊利諾州亨斯城退役軍人管理醫院療養。在那裡，他偶然發現思考的價值。經濟上他是破產了，但在他逐漸康復期間，他擁有大量的時間，除了讀書和思考問題之外，沒有太多的事可做。他讀了《思考致富》一書，對他的未來產生很大的影響。

斯太菲克知道，許多洗衣店都把剛熨好的襯衣摺疊在一塊硬紙板上，以保持襯衣的硬度，避免皺褶。他寫了幾封信給洗衣店，獲悉這種襯衣紙板每千張要花四美元。他的想法是，以每千張一美元的價格出售這些紙板，並在每張紙板上登上一則廣告。登廣告的人當然要付廣告費，這樣他就可以從中得到一筆收入。

斯太菲克有了這個想法，就設法去實現它。

出院後，他就展開這項行動。

他在廣告領域中是個新手，難免會遇到問題，但是「嘗試導致成功」。斯太菲克最後還是達成目標。

斯太菲克繼續保持他住院時養成的習慣每天花一定時間從事學習、思考和計畫。

後來，他決定提高服務效率，增加業務範圍。他發現顧客一旦拆除襯衣裡的襯衣紙後，就會將其丟棄。於是，他給自己提出這樣一個課題：「怎樣才能使許多家庭保留這種登有廣告的襯衣紙板？」

他在襯衣紙板的一面印刷一則黑白式廣告，而在另一面增加了一些新的東西——一個有趣的兒童遊戲，一個供家用食譜，或是一個引人入勝的字謎。

斯太菲克說了一個故事，一名男子抱怨他的一張洗衣店清單突然莫明其妙地不見了。後來，他發現妻子把它連同一些襯衣都送到洗衣店了，而這些襯衣他本來還能再穿。他的妻子這樣做僅僅是爲了多得到一些斯太菲克的食譜，但是斯太菲克並沒有就此停止不前，他野心勃勃，想要進一步擴大業務。他又向自己提出一個課題：「如何擴大？」他找到了答案。

斯太菲克把他從各洗染店所收集到的出售襯衣紙板收入全部送給美國洗染學會。於是，該學會就建議成員只購用斯太菲克的襯衣紙板。如此一來，斯太菲克有了另一個重要的發現：你給別人好的或稱心的東西愈多，所獲得的東西也就愈多。

現在，精心安排的一段思考時間爲斯太菲克帶來了可觀的財富。他發現，擠出一段時間，專門用於思考，對於成功地吸引財富是必要的。

正是在十分寧靜的情況下，我們才能想出最卓越的創意。抽出一部分時間從事思考，不要以爲是在浪費時間。思考是人類從事其他事業的基礎。如果把時間的1%用於學習、思考和計畫，那麼很快就能實施目標。

你的一天有一千四百四十分鐘，將這個時間的一%——四分鐘用於學習、思考和計畫，並養成這個習慣，你會驚奇地發現，無論任何時候、任何地方，洗滌碗筷時、騎自行車或洗澡時，都可以獲得建設性的主意。

你一定要使用人類曾經發明的最偉大而又最簡單的勞動工具，被愛迪生那樣的天才所應用的工具一支鉛筆和一張紙。這樣，你就可以像他那樣記錄隨時來到你心中的靈感。

「多走些路」有時是捷徑

如果你有值得追求的目標，只須找出爲什麼你能達到這個目標的一個理由就行了，而不要去找出爲什麼你不能達到這個目標的幾百個理由。你的思想和你說的有關你自己的話能決定你的心態，而心態就決定了目標是否能夠實現。

你想獲得你所想要的東西，還要做到「看準目標就立即行動，並且要多走些路」。克裡曼特斯藉由自述的親身經歷，說明了這兩條原則。

某個晚上，我正在墨西哥城訪問弗蘭克和克勞迪亞夫婦。克勞迪亞說：「我希望在加丁區能夠擁有一棟房子。」（加丁區是這個美麗的城市中最令人嚮往的地方。）

「爲什麼你們還沒有呢？」我問。弗蘭克笑著答道：「我們沒有這筆錢。」

「如果你知道想要什麼，那有什麼關係呢？」我問道。未等回答，我又提出一個問題：「順便說一下，你是否讀過一本激勵自己的勵志書？」

「沒有。」

於是，我告訴他們一些人的經歷，這些人知道他們想要什麼，讀了一些勵志書，聽從書中的意見，然後付諸行動。

我甚至告訴他倆幾年前我以自己的條件付了一千五百美元的頭期款之後，再靠分期付款的方式，購買了一套價值三萬美元的新房子及怎樣如期付清房貸。我答應送他們一冊我推薦的書。

弗蘭克和克勞迪亞下了決心。

就在這一年十二月，當我正在書房裡學習時，我接到克勞迪亞打來的電話。她說：

「我們剛從墨西哥城來到美國，弗蘭克和我所要做的第一件事就是感謝你。」

「感謝我，爲什麼？」

「我們感謝你，是因爲我們在加丁區買了一棟新房子。」

幾天後和他們一起吃飯時，克勞迪亞解釋：「在一個星期六的傍晚，弗蘭克和我正在家裡休息，有幾位從美國來的朋友打電話來，要我們開車送他們到加丁區。」

「那時我們兩個人都相當疲累，而且我們在早些時候已送他們到那裡了。弗蘭克正準備委婉拒絕時，我送給他們的書裡的一句話閃過他的心中多走些路。」

「當我用汽車送他們到這人造的天堂時，我看見了我所夢想的房子甚至還有我所渴望的游泳池。」

「弗蘭克買了它。」

弗蘭克說：「這棟房子的價值超過五十萬比索，我的存款只有五千比索，而且住在加丁區新居的費用比住在舊居的費用還要少。」

「這是爲什麼呢？」

「因為我們買了兩棟房子，我們將其中一棟租出去，租金足以償付兩棟房子的貸款。」

一個家庭買了兩棟房子，出租其中一棟，另一棟自己住，這是很普通的事情。使人吃驚的是，一個沒有經驗的人只要弄懂並應用某些成功原則，就容易得到想要的東西。

建立能獲取好感的自我形象

人與人之間的第一印象非常重要。有些人在初次碰面時，彼此並未留下特別好的印象，可是隨著交往次數的增多，交情愈來愈深，不過要付出極大的心力與時間。我們不能冀望由長時間來增進溝通和增加談話機會，應該在初次見面時，就讓展現獨特的魅力，這種積極做法才能取得事半功倍的效果。

也就是說，最好在第一次見面時就給對方留下深刻的第一印象，引起對方繼續來往的興致。和人初次接觸時，態度不能馬虎，要主動積極，加深對方對自己的印象，進而獲得對方的好感。

能獲得別人好感的人，其作風都有一些基本的共通性，只要我們冷靜地思考就可知道，那些獲得你好感的人，到底什麼地方吸引你。明白之後，一定要再加上自己個人特有的吸引力才能成功。

有句話說「一見如故」，就是先取得對方的好感，然後對方就容易和自己的步調一致。

首先要注意自己的姿勢。不論見面的地點是在客廳，還是日式的房間，也不管是站著講話或坐在沙發上聊天，都要用適當的姿勢，誠心誠意地把自己的想法表現出來。一般來說，上半身挺直，雙手適度地放在應放的位置，這是最好的姿勢。

服飾與儀表也很重要，這並不意味要打扮得奢侈華麗，而是要配合時下的風格，注意服裝整體的平衡感。這些都是對方會特別留意的地方。西裝的色調和襪子、皮鞋的顏色等若不協調，會讓人看不順眼。若穿得太寒酸，對方心裡也會懷疑「現在並不是物質匱乏的時代，怎麼……」這樣一來，就讓對方產生排拒感。所以和別人接觸，要考慮對方的感覺，注意自己的穿著是否整齊，這是交際上最基本的禮節。

接著對方還會觀察你臉部的表情，有活潑眼神的表情是最恰當的。一個人頭腦的反應和心理的活動狀況，可以從眼神中表現出來。眼睛有神的人，連表情都生動，會給人精力充沛的印象。如果再加上面帶笑容，姿勢挺立，更可以獲得別人的信賴。

探討過眼神的重要性後，就該加強耳朵和嘴的效用，以提高對方的好感。無論從哪方面來說，初次見面的第一印象極為重要。在初次見面時，要投入全部精力，讓對方接受自己並使自我形象深印對方心底。

在自我介紹、互換名片時，最好趁機講一兩句得體、禮貌的話。若曾經聽過對方大名，就可順便說：「從某先生那裡得知您的大名，久仰久仰，非常榮幸這次有機會和您見面。」像這樣提出對方的朋友某先生，可以拉近彼此的關係。縱使這層關係不是具體的人物，而是他寫的書，或是報章雜誌上看到的資料，反正在和對方會面之前，先瞭解對方某些情況，較容易接近對方，打破暫時的僵局。

如果沒有這些資料，就準備一些介紹自己的辭句，在什麼地方工作或正從事某項研究等。在對方看你的名片時，就可以如下方式介紹自己：「我很喜歡中國的瓷器，目前正在研究中國古代的美術，若您有什麼好的資訊或資料，請告訴我。」

這種宣傳自己的內容，可以是名片上看不出你的另一面，如所熱衷的研究作品、國內外人物書籍、對社會的福利工作、活動的看法等，任何事都可以。只要是你的長處及魅力中能夠吸引對方注意的部分，都可以提出來。

如果提起人物，不要說在某公司做事的某個人，應該說現在從事某事的某個人，這樣才能給對方深刻清晰的印象。只有能夠展現出你特殊魅力的表達方式，才能加深對方的印象。

在團體集會時，這種初次見面的交際活動尤爲重要。想要成爲與會者中印象深刻的優秀人物，就要恰如其分地表現自己，否則可能會喪失投出第二球的機會。所以要把握住任何與他們交談的機會，加深對方對你的印象。

初次見面投出的第一球就是自我介紹，而第二球的投球方式則是有效地提高別人對你的好感，在做法上應該讓對方感覺到愉快。人在心情好的時候才會把自己所想的或感覺到的事情毫不隱瞞地說出。因此，為了讓對方愉快，最好主動引導愉快的話題和創造流暢的氣氛。

詢問的方式也有要領，如「有沒有好的消息」，最好避免這種質問，而應該具體地提出對方有興趣的話題。例如，對方是國際金融方面的人士，就可以問道：「最近的行情好像起伏劇烈，我認為是某某原因造成，您認為呢？」先提出自己的意見或評論，再聽對方的解釋。這不僅吸引對方，也間接展示自己的才能。

使對方產生好感的做法很多，但最要緊的是心裡要有和對方交往的強烈意願。只要有這種意願，就會自然地想積極瞭解對方，同時也會變得活潑。這種心意及加深對方印象的努力，必能抓住初次見面人的心。

對待工作要「知必行，行必果」

一般來說，上司對部屬所下的指示都是經過深思熟慮的，並且會有重點的提示。若沒有明確指出何時完成，原則上應是立刻進行。

優秀的上司好比交響樂團的指揮，宏觀上掌握整體工作的進行，當他認爲需要哪位部下擔任某項工作時，就會立即下命令。就如同交響樂團的指揮棒，當指向某樂器演奏者時，他就得立即做出反應，若反應遲鈍，沒能即時奏出，就會影響交響樂團整體的演奏效果。不但是上司，凡有關的部門負責人都想將工作處理好，若其中有人不配合，沒能及時完成分內的工作，大家的工作進度都會受到影響，遭致眾人的非議。

平常被認爲反應靈敏又能幹的人，若不配合上司的指示而擅自行動，縱使個人素質不錯，但因缺乏集體觀念也得不到上司的青睞。所以，在公司做事不能只顧自己，應該和大家的步調一致，才不致破壞組織的和諧。如果自己的行動總是慢半拍，造成的不利影響不但不好向上司交待，還會連帶影響同事的工作進度和成果。因此，維持工作場所的整體平衡和諧是做人的最基本態度。

接到上司指示後就馬上投入行動，才能迅速地完成工作，而且還能享受到完成工作的愉悅和成就感。這種工作態度和工作習慣，無論對自己的心理、生理及能力都有很大的助益。任何人都不願意受到不必要的束縛，都喜歡擁有充分自由的時間。

由於現實的原因，受約束的時間通常比較多，而且還要遵守公司的規則。雖然很想有支配自由時間的權利，可是在緊張的社會、公司中，除非你想辦法或逃避現實，否則很難辦到。而接受命令後立刻行動的態度，則能讓你享有從容的時間和自由。

如果交待的工作沒有及時完成，就無法享受自由的時間。相反的，如果做任何事都能立刻行動，並迅速完成，就可以得到屬於自己的空餘時間，同時對下一個工作及目標，也能先做準備，以利順利進行。

靈活的反應可贏得對方的信賴，即刻完成上司交待的工作，能讓緊張的心情趁機鬆弛一下，精神體力則可得到暫時的休養。如此一來，不但精神愉快，他人也會對你的能力有所好評，肯定你的辦事能力。不僅上司，連同事都會對你產生好感，認為你是反應敏捷靈活的人，並在不知不覺中愈來愈信任你。

日本人天野嘩氏在東京青山區開小兒科醫院，又擔任日本兒童學會理事長、臨床醫師會的副會長，以及許多團體組織的會員，無論公事私事都很忙，但他卻能應付自如，甚至是極小的問題都能處理得井然有序，而且辦事效率非常高。別人拜託他的事，總是比對方預期的還要快完成。除了辦事效率佳，對可以做或不可以做的事，他也能很快做出判斷。自己能力不能及的，他會很快給予答覆，決不拖拉。

儘管他的生活緊張，可是若有某些和朋友有關的資訊、資料，他都會義不容辭地告訴他們，這種時常爲他人著想的胸襟，很受大家愛戴。因常替別人著想，故和他相處有一股親切感。他的這種風格對厭惡做事的人來說是無法做到的。

不過，這種工作態度還要靠長時間培養成的習慣才能穩固地形成。有了這種服務的觀念、態度，自然會備受大家的信賴，所以要取得良好的人際關係，必須要有這種優秀的工作態度。

和前面所說的「立即實行」有同樣重要意義的是「把握時機」，因爲知識和才能必須借助適當的時機才能發揮其效力。而機遇的偶然性、突然性及易逝性卻極強，只有靠豐富的實際經驗、敏銳的洞察力，加上幾分運氣才能深刻體驗到，並眞正地把握住時機。

在工作場所，早上的寒暄是一天的開始。大家也都知道上班時一碰面就應該禮貌性地打個招呼。

有些企業負責人私底下就曾不高興地說：「公司裡的員工誰不認識我？可是早晨在電梯或走廊碰面時，有些人卻故意把頭撇開，裝做沒看見，有些人甚至像不開口的機械人，問都不問一聲，讓人寒心。」一早就沒給人好感，等到有公事必須找上司時，自己又感到不好意思，將自己置於極尷尬的地步。所以，應該做的事就不能回避。寒暄，其實不難，把它當成一件愉快的事來做即可。

不僅是寒暄，一些致謝的話或和人際關係有關的事，都要在適當的時機乾淨俐落地完成。錯過時機，會讓人覺得你沒有禮貌，不懂交際。

現實世界異常複雜，變化奇快又令人難以掌握，加上企業資訊內容繁多龐雜，更替周期也以令人難以置信的速度縮短。如何從中把握住稍縱即逝的時機，以取得最佳效果，必須擁有敏銳的洞察力。這個洞察力基於對事物的判斷能力和分析能力，最終來源則是豐富的實際經驗和較高的智力資產。

前述的寒暄、人際關係等，只是把握時機的奠基石，眞正的動力來自刻苦努力、仔細觀察、不斷探索所造就出的敏銳的洞察力。只有具備這種洞察力，才能使偶然性的機遇變成規律性的必然時機，從而眞正地把握生活，把握自我。當然，情緒的波動、心理的失態等，在一定程度上對時機的把握也會產生影響，但這是次要的。

三、快樂面對每一天

愈熱情愈快樂

生活中應該多點熱情。

美國文學家R．W．愛默生曾寫道：「人要是沒有熱情就做不成大事業。」大詩人S．烏爾曼也說過：「年年歲歲只在你的額上留下皺紋，但你在生活中如果缺少熱情，你的心靈就將佈滿皺紋了。」

著名大提琴家P．卡薩爾斯九十高齡時，還是每天堅持練琴四至五小時，當樂聲不斷地從他指間流出時，他彎曲的雙肩又變得挺直了，他疲乏的雙眼又充滿了歡樂。美國堪薩斯州威爾斯維爾的E．萊頓直至六十八歲才開始學習繪畫。她對繪畫表現出極大熱情，並在這方面獲得驚人的成就，同時也結束了折磨過她至少有三十餘年的苦難歷程。

人有了熱情，就能把額外的工作視做機遇，就能把陌生人變成朋友，就能眞誠地寬容別人，就能愛上自己的工作。不論他擁有多少頭銜，或有多少權利和報酬。人一旦有了熱情，就能充分利用餘暇來完成自己的興趣愛好，如一位上司可能成爲出色的畫家，一個普通職員也可成爲一名優秀的手工藝者。

人們有了熱情，就會變得心胸寬廣，拋棄怨恨，生活就會變得輕鬆愉快，甚至忘記病痛，心靈上的陰影也會消失。

別讓別人的臉色左右自己

茜佳認爲自己是個善良的男孩，但他又總爲自己的「善良」而苦惱。

茜佳最怕別人向他借東西，這絕不是因爲他自私，捨不得將東西借人。反之，他內心是非常想把自己的東西借給別人用。但是，當別人向他借東西時，他總擔心別人從自己的表情、語言看出一絲不悅儘管他沒有這種想法。

借東西這種事不是天天發生，茜佳的煩惱還能夠忍受。茜佳最怕的事情，還是自己日常的言行舉止。在表情上，他老擔心自己臉上會露出清高、嬌縱的神色；走路時，他怕頭抬高、腰挺直，讓人覺得盛氣淩人；說話時，他怕自己言語不當，得罪或傷害別人；甚至遇到什麼高興的事，也不敢表露在臉上，怕別人認爲自己是洋洋自得。茜佳曾這樣感歎道：「我最在意別人的臉色，也最怕別人的臉色。我總是看別人的臉色行事，生怕引起別人反感和不快。」

茜佳日常所怕的所謂「臉色」，其實就是內在情緒的外在表現。無論你的老師、同學、父母、親友、鄰居，每人每天都要經歷許多事，這當中，不僅要動腦動手動身，還要動容。隨著各種事的性質及經歷的酸甜苦辣，人的表情上會有喜怒哀樂的表現。對此，無論你看不看得到，別家的臉色依然是別人的臉色，就像你不能決定別人的呼吸一

樣。

別人的臉色，多是別人的情緒外在，並非與茜佳有什麼關係。德魯克今天一臉不高興，那是因爲他與父母在嘔氣，與茜佳走路的姿勢根本沒有關係。但茜佳覺得對方的臉色不對，就會覺得是自己走路頭抬得過高，但是對方根本就沒有注意到他，他豈不是在自尋煩惱嗎？

有時有些人的臉色，可能確實與茜佳有關，但茜佳也不必爲此驚慌失措。茜佳可以這樣對自己說：「你有不高興的時候，我也有不快樂的時候；你能給我臉色，我也有臉色，人人都是平等的。」這樣一來，茜佳就把自己完全擺在與對方人格平等、身分平等、心理平等的位置上。於是，茜佳便可鎮定情緒，理智地思考和行動。

如果對方所給的臉色確實是自己言行失當所致，那就主動改正；如果對方的臉色部分有理，那就部分改正；如果對方毫無道理地給人臉色，那就應該毫不在意地不予理睬。這種傲然、坦然的人格立場，也是一種穩定的力量，久而久之，給人臉色看的人，也就自覺沒趣，臉色也就悄然隱匿了。

因此，對於茜佳和有茜佳這類心理弱點的人，不必特別在意別人的臉色。別人的臉色其實是無所謂「有或沒有」。你若有心注意它就有，若無心注意它就沒有。愛看別人臉色的人，必定是一個很自卑的人，總怕自己因爲言行不當，被人貶低或否定；也怕惹人不快，或傷害了對方，遭人拒絕和排斥。

因爲自己太脆弱，就覺得別人承受力差，進而傷害自己。只有建立起自信，才是不在乎別人臉色最可靠的保證。有自信的人，只把心思和精力用於自己該做的正事上，用在自己所追求的目標和嚮往的樂趣中，他就能與人爲善，和睦融洽相處，也就不怕出現矛盾，就能坦然面對非議了。這樣的人，永遠是快樂者，成功者。

慷慨行善舉，但不要期望回報

我們幾乎每天都可以在街道上看見此景：

一個髒兮兮的人穿著破舊的衣衫，從暗處走出來，然後伸手向行人要錢：「給我一點錢好嗎？」

結果有三個外表看來都相當富有的人分別給他錢，只是他們的想法各有不同。第一位湯姆很樂意地拿出一些零錢給乞丐，心想這位叫化子看來並非一無是處，一定是他不走運才會淪落此境。又想到自己的工作也很不保險，也許有一天丟了差事，也會像眼前這位仁兄一樣身無分文，因此這幾個零錢像是一筆相當重要的保險金。有一天他自己或許也會遭厄運襲擊，現在能照顧乞丐也算是保護自己吧！他彷彿可以感覺到有個乞丐會報答他的慷慨解囊。

第二位是尼可，他一見乞丐向他走過來就嚇呆了，一方面他有近視，另一方面聽多了搶劫的報導，所以更加驚慌。他本想拔腿就跑，但卻不由自主地停下來聽乞丐要說什麼，然後心想「要是我不給他錢，他一定會殺我」。於是，他一邊把錢扔在乞丐手中，一邊目視著乞丐，以等待可以離開的暗示。結果乞丐謝完他後就走了，出乎他的意料之外。他慢慢地踱著步，心裡暗自慶幸自己沒有惹上麻煩。

最後一位是保羅，他今天心情特別愉快，而且他一向就喜歡贈與別人東西，於是很高興地就順手給那乞丐一些錢，連看都沒看乞丐一眼就急忙走開了。他滿腦子都在想他被升遷的事及如何去改善辦公室裡的一切。

以上三位是不是都算慷慨呢？其實不然。

湯姆及尼可二人就不能算在內，他們之所以給乞丐錢是爲了保護自己，湯姆害怕有一天也會變窮，而尼可認爲要是他不給錢的話，乞丐會攻擊他。他相信自己的行爲是在對付某種暴力。只有保羅毫無所求，他的舉動才眞是大方，他根本就不期望乞丐或整個世界回報他，他的行爲除了能使他快樂外，沒有什麼動機。

是否慷慨有什麼關係呢？或許前兩者我們不能稱之爲慷慨，但是他們也算助人，但這中間有何區別呢？

當然還是有所不同。湯姆和尼可的行爲都傷害到自己了。因爲他們引發了一種幾可預見的結果，那就是他們因內心存在著某種恐懼，於是行爲就包含這種動機，這樣更加強害怕的心理。湯姆又一次地擔心會因不能勝任工作而失去錢財，而尼可則更加相信每個街道轉角處隨時都會有危險發生。

當然，湯姆與尼可離開乞丐後，暫時可鬆了一口氣，甚至於還會將他們的行爲美其名稱爲善舉。像一般人一樣，他們會視自己爲施予者，而不是懦夫。

其實他們是懦夫，而且長此下去都是，特別是他們再次因害怕而給予別人恩惠時會更表現得淋漓盡致。

我們之中有不少人也都這麼做過。我們每天都在害怕的心理下做決定，或以各種不同的方式付出以保護自己，卻自認是慷慨行爲，自以爲很仁慈，很有體諒他人之心，如果再這樣下去的話，可能我們一生都會活在害怕之中。

例如，很多百萬富翁對其子女做了沒必要的犧牲，卻還認爲賺錢還不夠。他們認爲，如果不把孩子送往國外深造，或爲他們買昂貴的玩具，請很好的家庭教師，就會被視爲不愛孩子，更糟的是怕孩子們日後不會再愛他們了。

另有些夫妻也是千方百計地取悅對方，他們相信若不這麼做，對方馬上會揚長而去。以靜芬爲例，她每天下班回家後，還得做出一桌豐富的晚餐，而且不讓她先生幫忙做家務事，她認爲這樣做才是個好太太。

懷有恐懼感的施惠者，通常都會這麼告訴自己「我喜歡幫人做事」、「我要使自己成爲有用之人」、「我眞高興你喜歡我做的東西，我還要再看看有沒有什麼事我能做的」。事實上，他們並非眞的很願意那樣做，而是經常帶著不安，想知道自己的行爲受到多少重視。這種行爲好似永遠都做得不夠，以致於不能消除內心的不安。

有時候某些慷慨的舉動只是一種象徵性的行爲罷了。一位母親會衝入玩具店裡購買她小孩想要的玩具，表面上是因爲她受不了孩子的哭鬧，其實她的內心卻滿懷罪惡感。由於她想把小孩拋在一旁而自顧自地去做別的事情。買玩具只是爲了減輕良心的不安罷了，但反而加深了她須爲自己的罪惡做補償的想法。

另外，有些人因心裡害怕而表現在行爲上，而且並不只限於特別的情況，整個生活方式都如此，還引以爲傲。以傑克爲例，他一直認爲自己是個仁慈的大好人，講話從來不動火，而且別人有了爭執，他一定會去當和事老。其實，傑克之所以害怕爭吵，原因得追溯到他的童年。每次爸爸媽媽一吵嘴，他就知道下一步一定是大喊大叫或摔東西，非把鄰居吵個雞犬不寧不可。家中和諧的氣氛蕩然無存。事情過後好幾天，他還是心有

餘悸。

現在傑克一想到爭吵，彷彿又回到幼年，雖然經過這麼多年了，他還是感到害怕。

有許多行爲從表面上看好像是很仁慈，事實上一點也不。就以上的幾個例子來說，仁慈與自我毀滅之間該怎麼區別呢？主要是看動機而定。出自於慷慨動機的行爲不但會使自己快樂，而且令你覺得跟受予者非常親近。反之，基於害怕某事而表現的舉動會傷害到自信心，並且使你愈來愈疏遠你本想取悅的人。

同樣的行爲在不同的時刻表現出來，其動機可能各異。有一天，你邀請友人吃飯，可能是因爲剛好那天發薪水，而對方又能替你製造快樂；另一天做同樣的事時，或許只爲了害怕對方不再喜歡你。你做這一切不過是爲了滿足你的需要罷了。

剛開始時同一行爲可能是基於同一動機，但到最後卻又常變成好幾個動機。曾有篇小說描寫一名已婚婦女好幾年來一直都在星期三這天與情人會面。起初，她對這件事感到非常興奮，仔細地打扮自己，清理座車，拜訪情人的家，把情人送給她的禮物小心收藏，並且不讓別人知道他們之間的事。但是幾年後，她對一切都不再感興趣了，甚至不愛對方，只想肯定自己是否還會惹人憐愛。最先她的戀情還使她覺得自己很年輕，但後來卻只有增加她對年華已逝的恐懼罷了。

因此，你不能光看行爲本身而決定有沒有傷害到自己，應該看看行爲的動機是什麼。你在爲某人做完某件事後，先看看有沒有不舒服的感覺，之後，再去做別的好事。

下次你在行好事前，先想想下面三個問題。

❶你所做的事不管有沒有得到對方誠摯的感激，是不是都會帶給你快樂呢？如果答案是肯定的，表示你的動機是眞的想大方地付出一切。反之，你一定是希望得到回報，或許是希望恢復你的自憐心，不過結果是更令人生氣。

❷你的行爲是不是使你覺得更接近對方？要是你的行爲動機是想增益對方的生活，那麼答案一定是肯定的，但如果你做好事只是怕遭到對方的敵視，那麼答案無疑是否定。

❸在你做了好事過後不久，數小時或數天之內，你覺得自己是更強了，還是更弱了？前面提過一個被乞丐嚇壞了的人尼可，他起初還在慶幸自己花錢消災，但後來卻比

先前要更加焦慮。而眞正的大方卻能使人覺得更強，因爲你有足夠的東西時間、金錢、才華、愛情與人分享。即使是遭遇過大不幸的人也能體會這一點，他們對別人慷慨反而使自己獲得力量與希望。那些動機出自害怕的人，雖然行爲看來好似給人恩惠，其實是在加深自己的害怕心理。

當你瞭解自己做了許多好事之後的感覺時，不妨暫停一段時間，如三個禮拜或一個月，在此期間內只幫助自己，其他人一概不管。

然後再來研究一下你的想法。如果你是基於害怕而行事，那麼你一定會極度地不安。例如，你星期天總把車子借給朋友，即使自己要用時也不忍拒絕，因恐怕會使對方失望，甚至於不與你來往。但是，你還是應該拒絕借出，或許起初幾次你會極度害怕他跟你絕交，不過漸漸地自己內心的不安就會消失掉，而你也能泰然自若了。

巴迪通常在每個星期五下班後爲他的太太帶回一束鮮花，他一直認爲這是愛心及體貼的表現，一旦他不再買花時，他太太一定會對他不滿，說不定還會跟他鬧翻。因此，第一個沒買花的週五令他非常難過，不過當他看到太太依然愛他，使他放心不少。而且他也領悟到，要是太太因此就不愛他，那一定是有什麼不對勁之處。此後，如果他再爲太太帶花回來，那是眞愛的表示，絕非害怕太太不愛他而做。

當你停止施予恩惠後，或許會對這些年來的行爲有一番新的認識，以前你做好事覺得是慷慨之舉當然對誰都無害，後來你可能會發現那麼做只是站在朋友相助的立場罷了。就像朋友這陣子經濟有問題，一直跟你借錢，而且沒還，你也不想催她。不過你知道，你幫助她並非出於眞意，而是不好意思拒絕。這就是危險之處，因爲你覺得自己無從選擇。

你會不會想替朋友辯護，說他是不爲人所瞭解的人呢？例如你會說除了你之外，沒有人瞭解爲什麼他不能從事比其能力更低的工作，如果你替他或是任何一直在接受你幫助的人找各種藉口，那你就是沒有面對被對方威脅或佔便宜的事實。

拿和事老傑克來說，別人一發生爭執，他就盡力去調解，他認爲這不但是做好事，也是義務，他必須阻止他們，否則後果將不堪設想。其實，能叫傑克相信，他從中調解的是無關緊要之事的唯一辦法是，要他停下來看看人家爭吵的後果——起初他眞是嚇呆了他太太與兒子在爭吵。他料定他們會大打出手，甚至互相傷害，雖然不想離開，但仍強迫自己上樓。結果卻出乎意料之外，他們母子竟不必他插手就言歸於好了。

那麼，你該怎麼應對想跟你借車，或是期望你施予恩惠的人呢？你要盡量少說話，事前簡單地跟他們說清楚，或者等他們來請求時再說出來。

如果你能跟朋友們講明你急需一段時間不施恩惠給別人，他應該會瞭解你的處境。你要認清友誼並不是建立在彼此施惠上，要是對方認爲你這麼做是自私、不夠朋友，你就得懷疑他有多少同情心了。

你最好告訴他們，你想變換生活方式，並讓自己知道不必藉施恩惠才能交到朋友。如果對方沒有別的目的，那麼他該會瞭解你的意思。

倘若你的朋友擔心遇到危急事件，你可以告訴他，你會及時伸出援手，除非你認爲眞的必要。因爲有些人就是善於製造緊急事情，想多獲他人的恩惠。

彼此給予恩惠不算是眞正的友情，沒有眞正的溝通就不會有眞正的友情。所謂完美的友誼，是不靠互相施惠的。

對別人慷慨會帶來不少快樂，因爲我們都會主動幫助有困難的人。做好事如果只是爲了害怕某種事，就得不到這種快樂，只會覺得有壓力或被利用。唯有在不需去幫助別人時伸出援手，才能從善舉中獲益良多。

四、認真學習

美夢可以想成真

在我們所接觸的人之中，一百人中有九十八人不滿意他們的現況，但他們又無法具體說出他們的人生目標。

你現在是否就能說出想從生活中得到什麼？確定你的人生目標可能並不容易，它甚至會包含一些痛苦的自我考驗。無論如何，這些努力都是值得的。因爲只要你確立你的人生目標，就能得到許多好處，而且這些好處幾乎會自動到來。

❶第一個好處是你的下意識會開始遵循一條普遍的規律往目標前進。這條普遍的規律是：「人若設想和相信什麼，就會以積極的心態去完成它。」如果你已知道你的人生目標，下意識就會受到這種自我暗示的影響，努力實踐它。

❷如果你知道自己需要什麼，就會走上正確的軌道與方向，然後開始行動。

❸工作會變得有樂趣。你因受到激勵而願意付出；開始規畫時間和金錢；願意研究、思考和設計目標。你對目標思考得愈多，就會愈產生熱情。

❹你會容易察覺幫助你實現這個目標的機會。由於你擁有明確的目標，知道自己想要什麼，對於「機會」就會變得很敏感。

這四種好處我們可以從愛德華·包克早期的經歷中看出。

包克是《婦女家庭》雜誌的編輯。從小就有「總有一天要創辦一份雜誌」的想法。由於他樹立了這個明確的目標，所以能夠抓住在大多數人容易忽視的機會。

他看見一個人打開一包香煙，從中抽出一張紙條後，隨即把它扔到地上。包克彎下腰，拾起這張紙片一看，上面印著一個著名女演員的照片。在這幅照片下面印有一句話：這是某套照片中的一張。是煙草公司欲促使買煙者收集一套照片的行銷手法。包克把這個紙片翻過來，發現它的背面竟然完全空白。

像往常一樣，包克認爲這裡有一個機會。他推斷，如果把裝在煙盒裡印有照片的紙片的空白背面印上照片上的人物的小傳，就能大幅提高照片的價值。於是，他找到印刷這種香煙附件的平版畫公司，向該公司的經理說明來意。這名經理立即說道：「如果你能給我一百位美國名人小傳，每篇一百字，我將每篇付給你一百美元。但你要先送來一張名人的名單，並把它分類成總統、將帥、演員、作家等。」

這就是包克最早的寫作任務。他的小傳的需要量與日俱增，使得他得請人幫忙。他請弟弟協助，並每篇付給他五美元。不久，包克又請了五名新聞記者幫忙寫小傳，以供應一些平版畫印刷廠。結果，包克如願成爲編輯。

最初，世界並不厚待包克，但他卻成就了令人羨慕的事業。值得注意的是，沒有什麼人用大盤子把成功送給我們所談到的任何獲得成功的人。

誇張和自嘲往往是化解問題的良藥

在我們的一生中會遇到許多難題。我們應該客觀地面對它，仔細衡量其重要性和潛在的危險。雖然不能解決問題，但能幫助我們以輕鬆的態度去處理。化解問題需要機智與誇張。

在小鎮劇院表演的劇團，當主角表演跳河時，負責音響的女孩應該在水缸裡製造潑水聲。有一天晚上，這個女孩忘了潑水，主角在舞臺上跌了個倒栽蔥，卻沒有潑水聲配合。當時全場肅靜，場面頗爲尷尬。但這時主角隨機應變地說：「老天爺，河水已經完全結冰了！」

全場大笑。

運用機智引導人與人之間的互動，可能有兩種不同的效果：一種是能被人接受和瞭解；另外一種是讓人覺得受到嘲諷。機智的言語可以像把刀，將敵人刺成重傷；也可以像一股和煦的風，帶給人溫情和快意。

能夠與別人「分享笑」的機智，是解決問題的有效工具。嘲笑別人，等於排除我們對他的同情與瞭解；和別人分享笑，等於用愛和同情心擁抱他們。分享能促進人與人之間的關係；和老朋友共享以往的趣事會縮短彼此之間的距離。

誇張也是表達同情心的方式之一。有一天，蘇蒂又接到好友瑪麗要請她吃晚餐的電話。蘇蒂覺得不妥，因爲瑪麗已經請她吃了幾次晚餐，而她一直沒有機會回請。蘇蒂在電話裡輕聲抗議：「這怎麼好意思？我已經欠你四十七頓晚餐了！」瑪麗說：「不止唷，你欠了我五十九頓晚餐，但誰會計較呢？」蘇蒂瞭解瑪麗的幽默，忍不住笑了出來。於是，她很愉快地接受邀請。瑪麗的妙語比嚴肅地討論好朋友之間如何保持公平要高明得多。

柏倫是國際職業官僚協會主席，他擅長用獨特的方式來解決問題。他訂作了一些沒有羽毛、怪模怪樣的鳥的雕像，作爲給無能官僚的獎品。當然，頒獎時還會附上「怪鳥」的等級證書。

一九六九年，巴契哥在日本橫濱的美國海軍船塢上工作。在此之前，他曾在美國海軍醫院動過脊椎骨手術。在手術過程中，外科醫生誤傷了他的脊椎，使他的右腿完全

麻痹成了殘廢。巴契哥要求政府賠償損失，可是美國海軍部和勞工部卻踢皮球，拖了九年。柏倫覺得這些官僚太過分，決定採取實際行動將這件事公諸於世。

國際職業官僚協會認爲，勞工部應該負責賠償巴契哥。於是，柏倫寫了一封正式的公文給勞工部，通知他們已經獲得「最佳官僚獎」提名，同時指出：在正式頒獎前，必須獲得二十九個「協調委員會」的「正式批准」，頒獎典禮將「非常隆重」，必定引起「新聞界轟動」。總之，從信上看來，勞工部獲獎只是遲早的事。

官僚們最怕的就是在公眾面前丟臉。勞工部助理秘書在收到公文的一週內就覆函柏倫。通知他：巴契哥的賠償申請已獲批准，柏倫的行動如願以償。有趣的是，柏倫在通知勞工部獲得「最佳官僚獎」提名的公文中特別強調，正式頒獎必須獲得二十九個「協調委員會」的正式批准，正是以「官僚之矛」攻「官僚之盾」。他同時給勞工部充分的時間採取補救行動，以免事件過早在新聞上曝光。誰都看得出來，所謂「協調委員會」、「正式批准」、「頒獎典禮」、「非常隆重」、「新聞界轟動」這些官僚式用語的目的就是要加重勞工部的壓力。

住在丹佛的弗靈頓是個發明家。他發明了新的直升機螺旋槳系統，但是聯邦航空協會不准他試飛，在無計可施之下，他只好將直升機鏈拴在地上，做離地六英尺高的試飛。聯邦航空協會卻控告他無照駕駛，要罰他兩千美金。事實上，飛機鏈拴在地上，聯邦航空協會是無權過問的。因此，國際職業官僚協會決定提名聯邦航空協會獲得「最佳官僚獎」。聯邦航空協會一看情況不妙，便在正式受獎前撤銷了對弗靈頓的控告。柏倫利用「官僚獎」給官僚們給予有力的打擊，並解決了他想解決的問題。

另外，自我解嘲也是一個好辦法。

一家底片生產廠生產的底片在出廠時完全沒問題，但沒多久就褪色了。於是，廠方召集各部門主管開會，研究底片品質不良的原因，會議中，各部門的主管都爲本部門辯護。

化學研究部主任宣稱，底片在所有正常儲存狀況下品質和性能完全穩定，他覺得可能是底片包裝有問題。包裝部主管則立即反駁，指出整卷底片的褪色程度一致，顯然不是包裝盒的問題。他強調可能是產品管理部在技術處理上有所疏忽。產品管理部則懷疑是零售商對底片儲存處理不當，應該請銷售部調查零售商保存底片的方法。銷售部主管向與會人士保證，零售商都知道如何保存底片及底片有效期限。他認爲，底片的化學成分有問題。化學研究部主管又重申前面說過的話，並證明所用的化學藥劑的優良性及穩定性，同時諷刺銷售部主管，如果他瞭解科學就不會這樣說了。

結果這個會議並沒有具體解決這個問題。後來發現，在分裝底片前，用來隔離底片的紙張有問題。原來供應商改變了紙張的化學成分，造成底片褪色。要察覺這點並不難，但因爲開會時每個主管都認爲自己講的是事實，只爲自己的部門辯護，因而沒有找到問題的癥結所在。

幽默能使人覺得自己不是被攻擊的靶子，從而擴大每個人的眼界，探討更多的可能性，找到解決問題的辦法。在上面的例子中，如果一開始主席就承認自己所知有限，製造大家傾力相助的氣氛，並增進討論的效率，結果將大爲不同。當然，會議主席也可以這麼說：「幾年前，我擔任副總經理時認爲自己瞭解這個行業的所有問題。事實證明我錯了，但是已經太遲了。現在，我不能辭職，因爲我太愛這份工作了。既然我還想幹下去，請大家幫幫忙，看看底片褪色的原因在哪裡。」

如果你能自我解嘲，將贏得別人的好感與尊敬，同時也能有效地解決問題。

抓住重要和不重要的優勢

許多美國人告訴我，他們覺得東方人是精明的討價還價者。不管是在國際談判桌上，還是在汽車交易商的辦公室裡，亞洲人都是如此。大多數東方人都是從小就無意識地受到這樣的訓練，奮力爭取優勢地位。當他們花一分錢時，便指望得到更多的回報。

依我觀察，那些在小事中維護自己利益的人，在重要的事情中也會同樣捍衛自己的利益。這並不意味著他們心胸狹窄，事事斤斤計較。相反的，他們能慷慨地施予他人財產。問題的關鍵在於，他們隨心所欲，而不願受他人控制。

我有一個有錢的台灣朋友。她最近來美國是爲了替在美國念高中的十七歲的兒子購買一輛嶄新的轎車。她打電話給城裡每個汽車商，最後向給她最低折扣的汽車商手中購買了那輛轎車。這不是說她非得節省那筆錢不可，而是這是她個人的處事方式。我陪她去取那輛新車的時候，那位從事十五年汽車買賣、久經社會歷練的推銷商對我說，賣車給窮人比賣車給富人容易得多。

在買車和討價還價的整個過程，她的兒子全程都在。她告訴我：「他必須從小就學習努力爭取最佳交易的重要性。」

喬治的一生中似乎很難從上當受騙的輪迴中跳脫出來。儘管他是一位闖蕩多年的企業家，卻也是多年的失敗者。有一次，他告訴我一個十分有趣的故事。他六歲的時候，在自家門前擺了一個小攤，賣母親冰箱中存放的食品。他取出蔬菜、水果、雞蛋，在每一樣東西上貼好價格標籤。每個雞蛋賣一分錢，而他的母親買的這些雞蛋每個花了三分錢，所以他很快就將雞蛋和蔬菜賣完。十分溺愛他的母親覺得很有趣，所以從未向他提過做生意的目的是賺取利潤。

多年以後，他做虧本買賣的歷史出現了轉捩點。喬治和他的妻子瑪麗都在跳蚤市場工作，他與另一位展銷商進行易貨交易，將零售價爲二十五美元的一件產品換成一件五美元的東西，而瑪麗又花十四美元買了那件產品。他跟瑪麗講了這件事之後，她的腦海

第四章 成功、快樂的「處方」

馬上閃過一個想法，喬治又讓別人占了上風。

瑪麗對喬治說，錢的差價是件小事，重要的是，喬治必須不再重蹈做虧本買賣的覆轍。就在那時，他的內心產生某種不同尋常的變化，他終於發現自己過去的所作所爲非常荒謬可笑。

他對瑪麗說：「從此，我再也不做虧本的買賣了。明天我要回去告訴那位商人，我做了一筆糊塗虧本的生意，問他打算怎麼辦。」瑪麗勸他說別惦記著這事。

瑪麗知道，喬治回去找人家很麻煩，尤其這次易貨交易涉及的金錢數目很小。喬治有生以來第一次下決心學習怎樣改正自己過去的行爲。喬治對瑪麗說：「回去爭個公道對我來說沒有什麼可損失的，只有獲取。最壞的結果就是他對我說『沒這回事』。我可以察顏觀色，向他學習怎麼處理這種請況。」喬治回去找到那位商販，重新成功地談了那筆交易。他又獲得了幾樣東西，彌補這次交易的差價。

上述的這些故事聽起來只是區區小事，但對於與公司談判或應對日常瑣事，還是要憑藉自己堅強或脆弱的心靈面對。表現的形式或許不同，但動機都相同。

心態
成功的人
就是和你不一樣

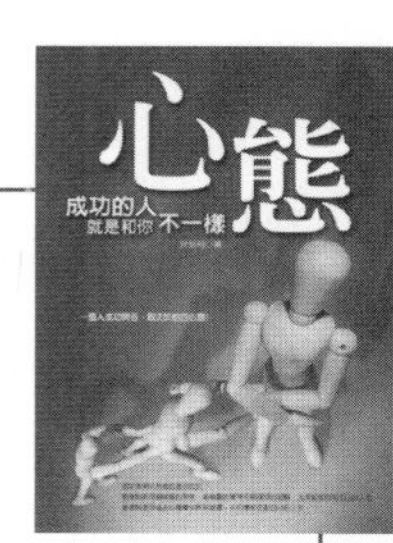
心態
成功的人
就是和你不一樣

作　　者　安凱莉

發 行 人　林敬彬
主　　編　楊安瑜
編　　輯　蔡穎如
執行編輯　黃亦潔
美術編排　翔美堂設計
封面設計　翔美堂設計

出　　版　大都會文化事業有限公司　行政院新聞局北市業字第89號
發　　行　大都會文化事業有限公司
110臺北市信義區基隆路一段432號4樓之9
讀者服務專線：（02）27235216
讀者服務傳眞：（02）27235220
電子郵件信箱：metro@ms21.hinet.net
網　　　　址：www.metrobook.com.tw

郵政劃撥　14050529　大都會文化事業有限公司
出版日期　2006年03月初版一刷
定　　價　180元

ISBN　986-7651-67-7
書　　號　Growth-009

Metropolitan Culture Enterprise Co., Ltd.
4F-9, Double Hero Bldg., 432, Keelung Rd., Sec. 1,
Taipei 110, Taiwan
Tel:+886-2-2723-5216　Fax:+886-2-2723-5220
E-mail:metro@ms21.hinet.net
Website:www.metrobook.com.tw

國家圖書館出版品預行編目資料

心態　成功的人就是和你不一樣. / 安凱莉 著.
-- 初版. -- 臺北市 :
大都會文化, 2006[民95]
面 ;　公分，--(Growth;9)
ISBN 986-7651-67-7(平裝)
1. 成功法　2. 生活指導

177.2　　　95002586

雞尾酒的微醺世界：調出你的私房Lounge Bar風情 250元

肌膚也需要放輕鬆：徜徉天然風的43項舒壓體驗 260元

野外泡湯趣：魅力野溪溫泉大發見 260元

■寵物當家系列

Smart養狗寶典 380元

貓咪玩具魔法DIY：讓牠快樂起舞的55種方法 220元

漂亮寶貝在你家：寵物流行精品DIY 220元

我家有隻麝香豬：養豬完全攻略 220元

Smart養貓寶典 380元

愛犬造型魔法書：讓你的寶貝漂亮一下 260元

我的陽光·我的寶貝：寵物真情物語 220元

■人物誌系列

現代灰姑娘 199元

船上的365天 360元

走出城堡的王子 160元

貝克漢與維多利亞：新皇族的真實人生 280元

瑪丹娜：流行天后的真實畫像 280元

風華再現：金庸傳 260元

她從海上來：張愛玲情愛傳奇 250元

脫下斗篷的哈利：丹尼爾·雷德克里夫 220元

黛安娜傳 360元

優雅與狂野：威廉王子 260元

殞逝的英格蘭玫瑰 260元

幸運的孩子：布希王朝的真實故事 250元

紅塵歲月：三毛的生命戀歌 250元

俠骨柔情：古龍的今生今世 250元

從間諜到總統：普丁傳奇 250元

蛻變：章子怡的成長紀實 260元

■心靈特區系列

每一片刻都是重生 220元

成功方與圓：改變一生的處世智慧 220元

課本上學不到的33條人生經驗 149元

從窮人進化到富人的29條處事智慧 149元

心態：成功的人就是和你不一樣 180元

給大腦洗個澡 220元

轉個彎路更寬 199元

絕對管用的38條職場致勝法則 149元

成長三部曲 299元

■SUCCESS系列

七大狂銷戰略	220元	打造一整年的好業績	200元
超級記憶術：改變一生的學習方式	199元	管理的鋼盔： 商戰存活與突圍的25個必勝錦囊	200元
搞什麼行銷：152個商戰關鍵報告	220元	精明人總明人明白人： 態度決定你的成敗	200元
人脈=錢脈： 改變一生的人際關係經營術	180元	週一清晨的領導課	160元
搶救貧窮大作戰の48條絕對法則	220元	搜驚・搜精・搜金：從Google 的致富傳奇中，你學到了什麼？	199元
絕對中國製造的58個管理智慧	200元	客人在哪裡？： 決定你業績倍增的關鍵細節	200元
殺出紅海：漂亮勝出的104個商戰奇謀	220元	商戰奇謀36計：現代企業生存寶典	180元

■都會健康館系列

秋養生：二十四節氣養生經	220元	春養生：二十四節氣養生經	220元
夏養生：二十四節氣養生經	220元	冬養生：二十四節氣養生經	220元
春夏秋冬養生套書	699元		

■CHOICE系列

入侵鹿耳門	280元	蒲公英與我：聽我說說畫	220元
入侵鹿耳門（新版）	199元	舊時月色（上輯＋下輯）	各180元
清塘荷韻	280元		

■FORTH系列

印度流浪記：滌盡塵俗的心之旅	220元	胡同面孔─古都北京的人文旅行地圖	280元
尋訪失落的香格里拉	240元		

■FOCUS系列

中國誠信報告	250元

■禮物書系列

印象花園 梵谷	160元	印象花園 莫內	160元
印象花園 高更	160元	印象花園 竇加	160元
印象花園 雷諾瓦	160元	印象花園 大衛	160元
印象花園 畢卡索	160元	印象花園 達文西	160元
印象花園 米開朗基羅	160元	印象花園 拉斐爾	160元
印象花園 林布蘭特	160元	印象花園 米勒	160元
絮語說相思 情有獨鍾	200元		

■工商管理系列

二十一世紀新工作浪潮	200元	化危機為轉機	200元
美術工作者設計生涯轉轉彎	200元	攝影工作者快門生涯轉轉彎	200元
企劃工作者動腦生涯轉轉彎	220元	電腦工作者滑鼠生涯轉轉彎	200元
打開視窗說亮話	200元	文字工作者撰錢生活轉轉彎	220元
挑戰極限	320元		
30分鐘行動管理百科（九本盒裝套書）	799元		
30分鐘教你自我腦內革命	110元	30分鐘教你樹立優質形象	110元
30分鐘教你錢多事少離家近	110元	30分鐘教你創造自我價值	110元
30分鐘教你Smart解決難題	110元	30分鐘教你如何激勵部屬	110元
30分鐘教你掌握優勢談判	110元	30分鐘教你如何快速致富	110元
30分鐘教你提昇溝通技巧	110元		

■精緻生活系列

女人窺心事	120元	另類費洛蒙	180元
花落	180元		

■CITY MALL系列

別懷疑！我就是馬克大夫	200元	愛情詭話	170元
唉呀！真尷尬	200元	就是要賴在演藝圈	180元

■親子教養系列

孩童完全自救寶盒（五書+五卡+四卷錄影帶）3,490元（特價2,490元）

孩童完全自救手冊：這時候你該怎麼辦（合訂本）299元

我家小孩愛看書:Happy 學習 easy go!	220元	天才少年的5種能力	280元

■新觀念美語

NEC新觀念美語教室12,450元（八本書+48卷卡帶）

書名：心態——成功的人就是和你不一樣

謝謝您選擇了這本書！期待您的支持與建議，讓我們能有更多聯繫與互動的機會。
日後您將可不定期收到本公司的新書資訊及特惠活動訊息。

A.您在何時購得本書：_____年_____月_____日

B.您在何處購得本書：__________書店，位於___________(市、縣)

C.您從哪裡得知本書的消息：1.□書店 2.□報章雜誌 3.□電台活動 4.□網路資訊 5.□書籤宣傳品等 6.□親友介紹 7.□書評 8.□其他__________

D.您購買本書的動機：（可複選）1.□對主題或內容感興趣 2.□工作需要 3.□生活需要 4.□自我進修 5.□內容為流行熱門話題 6.□其他__________

E.您最喜歡本書的（可複選）：1.□內容題材 2.□字體大小 3.□翻譯文筆 4.□ 封面 5.□編排方式 6.□其他

F.您認為本書的封面：1.□非常出色 2.□普通 3.□毫不起眼 4.□其他__________

G.您認為本書的編排：1.□非常出色 2.□普通 3.□毫不起眼 4.□其他__________

H.您通常以哪些方式購書：(可複選)1.□逛書店 2.□書展 3.□劃撥郵購 4.□團體訂購 5.□網路購書 6.□其他__________

I.您希望我們出版哪類書籍：（可複選）

1.□旅遊 2.□流行文化 3.□生活休閒 4.□美容保養 5.□散文小品
6.□科學新知 7.□藝術音樂 8.□致富理財 9.□工商企管 10.□科幻推理
11.□史哲類 12.□勵志傳記 13.□電影小說 14.□語言學習（　　語）
15.□幽默諧趣 16.□其他__________

J.您對本書(系)的建議：__________

K.您對本出版社的建議：__________

讀者小檔案

姓名：__________ 性別：□男 □女 生日：_____年_____月_____日

年齡：□20歲以下□21～30歲□31～40歲□41～50歲□51歲以上

職業：1.□學生 2.□軍公教 3.□大衆傳播 4.□ 服務業 5.□金融業 6.□製造業 7.□資訊業 8.□自由業 9.□家管 10.□退休 11.□其他 __________

學歷：□ 國小或以下 □ 國中 □ 高中／高職 □ 大學／大專 □ 研究所以上

通訊地址 __________

電話：（H）__________（O）__________傳真：__________

行動電話：__________ E-Mail：__________

❖謝謝您購買本書，也歡迎您加入我們的會員，請上大都會網站www.metrobook.com.tw 登錄您的資料。您將不定期收到最新圖書優惠資訊和電子報。

請沿虛線剪下，對折裝訂後寄回

大都會文化
METROPOLITAN CULTURE

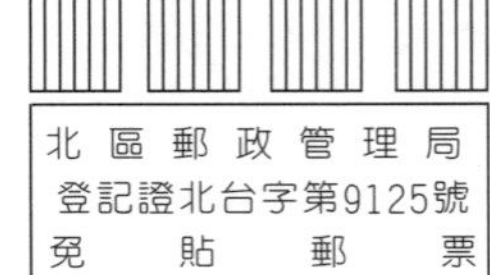

北區郵政管理局
登記證北台字第9125號
免貼郵票

大都會文化事業有限公司
讀者服務部收

110 台北市基隆路一段432號4樓之9

寄回這張服務卡(免貼郵票)
您可以：
◎不定期收到最新出版訊息
◎參加各項回饋優惠活動

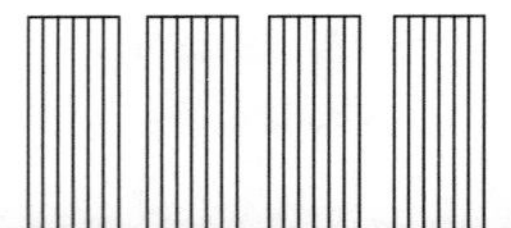

大都會文化
METROPOLITAN CULTURE

大都會文化
METROPOLITAN CULTURE

大都會文化
METROPOLITAN CULTURE

大都會文化
METROPOLITAN CULTURE